致胜桥牌约定叫系列丛书之二

1NT 开叫后的约定叫

［美］巴迪·塔克 著

唐志皓　康蒙 译

成都时代出版社

四川省版权局
著作权合同登记章
图进字 21-2017-588 号

图书在版编目（CIP）数据

1NT 开叫后的约定叫 /（美）巴迪·塔克著；
唐志皓，康蒙译 .-- 成都：成都时代出版社，2017.7
（致胜桥牌约定叫系列丛书；之二）
ISBN 978-7-5464-1904-6

Ⅰ.①1… Ⅱ.①巴…②唐…③康…
Ⅲ.①桥牌－基本知识 Ⅳ.①G892
中国版本图书馆 CIP 数据核字（2017）第 158463 号

1NT 开叫后的约定叫
1NT KaiJiao HouDe YueDingJiao
［美］巴迪·塔克 著
唐志皓 康蒙 译

出 品 人 石碧川
责任编辑 曾绍东
封面设计 陈二龙
版式设计 陈二龙
责任校对 陈 硕
责任印制 干燕飞

出版发行 成都时代出版社
电 话 （028）86619530（编辑部）
（028）86615250（发行部）
印 刷 成都金龙印务有限责任公司
规 格 140mm×210mm
印 张 6
字 数 150千字
版 次 2017 年 10 月第 1 版
印 次 2017 年 10 月第 1 次印刷
印 数 1-6000 册
书 号 ISBN 978-7-5464-1904-6
定 价 28.00 元

目 录

前言

在 1NT 开叫或者争叫之后，应叫人可以使用多种不同的约定叫。使用这些约定叫可以使你显示：

- 弱牌；
- 大牌点充足的强牌；
- 畸型牌；
- 应叫人有四张高花；
- 应叫人有五张高花；
- 应叫人有六张以上低花。

通过一些叫牌手段可以使开叫人成为庄家，应叫人有更多描述自己持牌的机会，与此同时隐藏了强牌。它们使无将开叫人的左手敌方成为首攻人，由此带来的益处是显而易见的。

本书将详尽讨论其中一些约定叫以及叫牌手段。正如你期待的那样，这些也是我认为最有价值的约定叫和叫牌方法。

永远记住，每增加一个新的约定叫，你就失去这个叫品的原有含义，同时也将影响另外一些约定叫的使用。或许你会问，"为什么我要这样做？为什么我要放弃自然叫而使用人为约定叫？"答案非常简单……因为这个约定叫很有价值。在阅读本书的过程中，你将发现即便是最简单和常用的约定叫——斯台曼和杰克贝转移叫，在增加新的约定叫之后，它们的含意也将随之改变。

例如：

如果使用斯莫伦约定叫，斯台曼之后应叫人持 5 － 4 高花的再叫方式就会改变。

如果使用德克萨斯转移叫，那么在杰克贝转移叫之后应叫人的再叫就显示不同的点力范围。

如果使用四花色转移叫，那么斯台曼之后应叫人的再叫就将转变成特定的持牌类型。

当你和同伴将新的约定叫加入工具箱时，你们必须决定哪些"工具"对你们最为适合。当选择不同的约定叫时，你们必须决断愿意"牺牲"哪些叫品的原有含意，以便更好地描述自己的持牌。

我相信本书中的约定叫都是值得你付出额外努力加以学习的，而且为此你也只放弃很少一些自然叫品。

斯台曼

斯台曼约定叫是乔治·拉比（George Rapee）发明的，但它首次出现在 1945 年山姆·斯台曼（Sam Stayman）给桥牌世界的署名文章中，于是这个约定叫就以斯台曼而不是拉比命名。

众所周知，寻找 4 — 4 高花配合是现代定约桥牌的追求目标之一。高花定约可以得到更多的分数。通常来说，4 — 4 配合可以比 5 — 3，6 — 2 甚至（有些情况下）6 — 3 配合多得到一个赢墩。使用斯台曼约定叫，你方就很容易在无将开叫后找到 4 — 4 高花配合。

同伴开叫 1NT 之后，应叫人叫 2♣ 就是斯台曼。应叫人不一定有梅花套，这个叫品是彻底的人为约定叫。它表示如下含义——"同伴，你是否有四张高花套？"这个叫品承诺 8⁺ 点牌力以及至少一门 4 张高花。应叫人可能还有五张甚至六张高花套。

开叫人有下列三种答叫方式：

• 2♦ 表示，"不，我没有四张或者更长的高花套。"

• 2♡ 表示，"是的，我有四张红心，并且可能还有四张黑桃。"（如果同时有四张红心和四张黑桃，首先叫红心。）

• 2♠ 表示，"是的，我有四张黑桃，但没有四张红心。"

应叫人的第二次再叫由以下三点因素决定：

• 开叫人是否再叫了应叫人持有的四张或更长的高花套；

• 应叫人是否同时持有五张高花以及另外一个四张高花套；

• 应叫人的实力。

如果开叫人的再叫确认了联手至少有八张配合的高花（例如，开叫显示的四张高花，应叫人有四张或者更长），那么应叫人加叫高花至：

• 三阶，持 8 ～ 9 点牌力时；

• 四阶，持 10 ～ 14 点牌力时；

• 延迟加叫同伴的高花。持 15⁺ 点牌力时，首先使用逼叫性叫品获取更多的信息，以便探查是否有满贯的可能性。

如果开叫人的再叫没有明确联手有八张配合（例如，开叫人没有显示应叫人持有的四张高花），那么应叫人：

• 再叫 2NT，持 8～9 点牌力时；

• 二阶再叫五张以上高花套（如果应叫人持有），持 8～9 点牌力时；

• 再叫 3NT，持 10～14 点牌力时；

• 三阶再叫五张高花套，持 10～14 点牌力时；

• 四阶再叫六张高花套，持 10～14 点牌力时；

• 再叫 4NT（示量邀叫），持 15$^+$ 点的均型牌时；

• 再叫 4♣（戈伯问叫），试探满贯，持 17$^+$ 点牌力时；

• 三阶再叫五张以上低花套，表示满贯兴趣。

请看下面的牌例。在每个例子中，南家应叫 2♣ 承诺 8$^+$ 点牌力以及至少一门四张高花套。

例 1		例 2		例 3	
北	南	北	南	北	南
1NT	2♣	1NT	2♣	1NT	2♣
2♦		2♡		2♠	

例 1：北家再叫 2♦ 否认有四张高花套。

例 2：北家再叫 2♡ 承诺四张红心，而且不否认有四张黑桃。

例 3：北家再叫 2♠ 承诺四张黑桃，同时否认有四张红心。

现在我们来看应叫人的再叫：

例 4		例 5		例 6	
北	南	北	南	北	南

1NT	2♣	1NT	2♣	1NT	2♣
2♢	2NT	2♡	3NT	2♠	3♠

例 4：北家再叫 2♢否认有四张高花套。

南家再叫 2NT 表示 8～9 点，否认有五张高花套，邀请实力。

例 5：北家再叫 2♡承诺四张红心，但不否认有四张黑桃。

南家再叫 3NT 表示 10～14 点，否认四张红心以及五张以上黑桃，但承诺有四张黑桃。

例 6：北家再叫 2♠承诺四张黑桃，同时否认有四张红心。

南家再叫 3♠表示 8～9 点，四张黑桃支持，邀请实力，但不确定是否有四张以上红心。

在绝大多数情况下，开叫人依据应叫人的第二次叫牌决定最终的定约。这是一个很简单的决定（基于应叫人的再叫），最终定约可能是：

· 无将或者花色定约；

· 成局或者部分定约。

例 7		例 8		例 9	
北	南	北	南	北	南
1NT	2♣	1NT	2♣	1NT	2♣
2♢	2NT	2♡	3NT	2♠	3♠
3NT		4♠		4♠	

例 7：北家再叫 2♢否认有四张高花套。

南家再叫 2NT 表示 8～9 点，否认有五张高花套，邀请实力。

北家再叫 3NT 表示 16～17 点。

例 8：北家再叫 2♡承诺四张红心，但不否认有四张黑桃。

南家再叫 3NT 表示 10～14 点，否认四张红心以及五张以上黑桃，但承诺有四张黑桃。

6

北家再叫 4♠表示有四张红心的同时还有四张黑桃，并且希望主打黑桃定约。

例 9：北家再叫 2♠承诺四张黑桃，同时否认有四张红心。

南家再叫 3♠表示 8 ～ 9 点，四张黑桃支持，邀请实力，但既没有承诺也没有否认红心是否有四张以上。

北家再叫 4♠表示 16 ～ 17 点。

如果应叫人再叫 2NT，3NT，加叫同伴的高花至三阶或者四阶，后续叫牌非常明确。开叫人很容易知道最终的定约是什么。

如果应叫人持一手好牌，无论是基于大牌实力（15$^+$点）还是很好的牌型以及获取赢墩的能力（5 － 4 或者 6 － 4），并且准备试探满贯，那么开叫人与应叫人就应该分享信息，以便确定是否存在满贯的可能性。

例 10		例 11		例 12	
北	南	北	南	北	南
1NT	2♣	1NT	2♣	1NT	2♣
2♦	3♦	2♡	3♦	2♠	3♣

例 10：北家再叫 2♦否认有四张高花套。

南家再叫 3♦表示五张以上方块套，承诺逼叫进局的实力并且有满贯兴趣。

南家可能持这样一手牌：

♠A942　♡3　♦AQJ942　♣K2

例 11：北家再叫 2♡承诺四张红心，但不否认有四张黑桃。

南家再叫 3♦表示四张黑桃（因为他的初始应叫是斯台曼），五张以上方块套，承诺逼叫进局的实力并且有满贯兴趣。

南家可能的持牌如下：

♠A942　♡3　♦AKJ942　♣92

例 12：北家再叫 2♠表示四张黑桃，同时否认有四张红心。

南家再叫 3♣表示四张红心（因为他的初始应叫是斯台曼），五张以上梅花套，承诺逼叫进局的实力并且有满贯兴趣。

南家可能的持牌如下：

♠ 2　♡ AQ53　♢ 2　♣ KQJ9862

在应叫人（南家）描述自己的持牌后，开叫人（北家）主要考虑自己的牌是否与同伴有很好的配合。通常来说，如果开叫人认为联手的牌配合不好，他就再叫 3NT。如果他认为联手有很好的配合，他就有如下选择：

•扣叫新花色表示对同伴低花套的配合；

•再叫 4NT，示量邀叫。

极个别的情况下，当应叫人再叫低花后，你们在高花上有配合。唯一的特例如下：

北	南
1NT	2♣
2♡	3♢

此时北家可能有四张黑桃。基于南家应叫斯台曼，因而他已经承诺了四张黑桃。在这种情况下，开叫人配合了应叫人的黑桃，那么不管整手牌的实力如何，他都要再叫应叫人已经承诺的高花，并以此显示配合。再叫黑桃的阶数表明了他是否对满贯感兴趣。

再叫 3♠表示北家有四张黑桃并且对满贯有兴趣。南家基于目前已经掌握的信息，有满贯的可能性。

再叫 4♠表示北家有四张黑桃，但没有满贯兴趣。南家基于目前已经掌握的信息，没有满贯的可能性。

补充要点

斯台曼还有其他一些常见用法：

1. 持 0～7 点以及 4－4－5－0（四张黑桃，四张红心以及五张方块），3－4－6－0，4－3－6－0 或者 4－4－4－1（这种情况非常危险，因为联手可能主打 4－2 配合的方块定约）牌型时，你可以应叫斯台曼。你的用意是，同伴再叫 2♢，2♡ 或者 2♠ 后你都不叫。希望在你持弱牌的情况下，4－3 配合的花色定约要好于 1NT。这当然是可打的定约，前提是你必须在同伴叫牌后不叫。

2. 有些牌手使用"不叫或者修正"的约定。他们的斯台曼应叫不承诺 8 点牌力，并且可以在开叫人再叫 2♢ 后再叫 2♡ 或者 2♠，表示 4－4 以上高花的弱牌。很显然，他们失去了持 5－4 高花进行邀叫的手段。他们认为这样的交换是值得的，但我不能认同。我更关注成局的机会，而对部分定约听之任之。

3. 如果你使用斯台曼一定承诺 8⁺ 点牌力，那么当你持 5－4 高花时就不能使用斯台曼。你只能简单地转移到五张高花套。（参阅后文杰克贝转移叫）

4. 当应叫人在三阶再叫低花，表示非均型并且有满贯兴趣时，开叫人有如下选择：

•再叫 3NT，否认满贯兴趣；

•扣叫，再叫新花色表示这门花色的控制（A）并且对同伴的低花有配合；

•再叫 4NT，黑木问叫。开叫人直接询问 A 的情况非常少见。

5. 当应叫人持强牌并且在应叫斯台曼后准备试探满贯，再叫 4NT 表示示量邀叫，再叫 4♣ 是戈伯问叫。

6. 应叫斯台曼同伴答叫高花后，你们可以约定使用斯普林特。只要你与同伴达成一致就可以使用，但与此同时，你们需要修改 4NT 和 4♣ 的约定含义。

7. 同伴争叫无将之后同样可以使用斯台曼。争叫可以在一阶或者二阶，只要无将叫品表示自然含意的强均型牌即可。

8. 开叫 2NT 或者开叫 2♣后再叫 2NT，甚至可以约定为争叫或者开叫 3NT，斯台曼同样适用。应叫人只需简单应叫 3♣表示斯台曼，但必须依据开叫人的点力范围，适当调整应叫人使用斯台曼的牌力。

9. 敌方争叫一套花色后斯台曼不再适用。

10. 敌方对无将开叫加倍后斯台曼依然适用。

11. 如果敌方争叫 2♣是约定叫，那么加倍 2♣依然是斯台曼。

练习题

问题集 1

北	南
1NT	2♣
?	

如果持下列牌位于北家，你将如何再叫？

（1）♠AK42 ♡AQ53 ◇A42 ♣92_____

（2）♠K42 ♡AJ53 ◇A42 ♣AQ2_____

（3）♠AK42 ♡AQ3 ◇A432 ♣92_____

（4）♠9432 ♡K3 ◇AK432 ♣AQ_____

（5）♠AK2 ♡A53 ◇42 ♣KQ932_____

问题集 2

北	南
1NT	2♣
2◇	?

位于南家，持下列牌你将如何再叫？

（1）♠42 ♡AQ53 ◇K942 ♣Q92_____

（2）♠KQJ9 ♡53 ◇432 ♣AQ92_____

（3）♠K42 ♡AQ53 ◇5432 ♣92_____

（4）♠42 ♡QJ53 ◇AKJ42 ♣92_____

（5）♠K432 ♡KQ543 ◇74 ♣92_____

问题集 3

北 南

1NT 2♣

2♢ 2NT

?

持下列牌位于北家，你将如何再叫？

（1）♠A42 ♡K3 ♢AK42 ♣QJ92＿＿＿＿＿＿＿＿＿

（2）♠K42 ♡Q53 ♢AJ42 ♣AQ2＿＿＿＿＿＿＿＿＿

（3）♠42 ♡AJ3 ♢AKJ42 ♣K92＿＿＿＿＿＿＿＿＿

（4）♠AJ2 ♡A53 ♢A2 ♣Q9872＿＿＿＿＿＿＿＿＿

（5）♠42 ♡AQ3 ♢A42 ♣AK982＿＿＿＿＿＿＿＿＿

问题集 4

北 南

1NT 2♣

2♡ 3♡

?

持下列牌位于北家，你将如何再叫？

（1）♠AK42 ♡A853 ♢A42 ♣92＿＿＿＿＿＿＿＿＿

（2）♠K42 ♡AQ53 ♢A42 ♣A72＿＿＿＿＿＿＿＿＿

（3）♠AK82 ♡9853 ♢A42 ♣A2＿＿＿＿＿＿＿＿＿

（4）♠A2 ♡Q853 ♢AKJ42 ♣K2＿＿＿＿＿＿＿＿＿

（5）♠A42 ♡AK73 ♢AQ42 ♣92＿＿＿＿＿＿＿＿＿

问题集 5

北	南
1NT	2♣
2♡	2NT
?	

持下列牌位于北家，你将如何叫牌？

（1）♠AK42 ♡A853 ♢A42 ♣92 _____

（2）♠K42 ♡AQ53 ♢A42 ♣A72 _____

（3）♠AKJ2 ♡9853 ♢A42 ♣A2 _____

（4）♠A2 ♡Q853 ♢AK42 ♣K32 _____

（5）♠AQ42 ♡AK73 ♢A42 ♣92 _____

问题集 6

北	南
1NT	2♣
2♢	?

持下列牌位于南家，你将如何叫牌？

（1）♠A942 ♡AQ53 ♢A42 ♣K2 _____

（2）♠2 ♡AJ53 ♢AKJ92 ♣K72 _____

（3）♠2 ♡AQ53 ♢K2 ♣AK9742 _____

（4）♠A42 ♡AJ53 ♢A42 ♣K32 _____

（5）♠A42 ♡A983 ♢AK2 ♣A92 _____

练习题答案

问题集 1

北　　南

1NT　 2♣

？

持下列牌位于北家，你将如何再叫？

（1）♠AK42 ♡AQ53 ♦A42 ♣92

2♡，我有四张红心，并且可能有四张黑桃。

（2）♠K42 ♡AJ53 ♦A42 ♣AQ2

2♡，我有四张红心，并且可能有四张黑桃。

（3）♠AK42 ♡AQ3 ♦A432 ♣92

2♠，我有四张黑桃，同时没有四张红心。

（4）♠9432 ♡K3 ♦AK432 ♣AQ

2♠，我有四张黑桃，同时没有四张红心。

（4）♠AK2 ♡A53 ♦42 ♣KQ932

2♦，我没有四张高花套。

问题集 2

北　　南

1NT　 2♣

2♦　　？

持下列牌位于南家，你将如何再叫？

（1）♠42 ♡AQ53 ♦K942 ♣Q92

3NT，我有 10 ～ 14 点，而且没有五张高花套。

（2）♠KQJ9 ♡53 ♦432 ♣AQ92

3NT，我有 10 ～ 14 点，而且没有五张高花套。

（3）♠K42 ♡AQ53 ◇5432 ♣92

2NT，我有 8 ～ 9 点，而且没有五张高花套。

（4）♠42 ♡QJ53 ◇AKJ42 ♣92

3NT，我有 10 ～ 14 点，而且没有五张高花套。

（5）♠K432 ♡KQ543 ◇74 ♣92

2♡，我有 8 ～ 9 点以及五张红心。

问题集 3

北　　　南

1NT　2♣

2◇　　2NT

?

持下列牌位于北家，你将如何再叫？

（1）♠A42 ♡K3 ◇AK42 ♣QJ92

3NT，我有进局实力。

（2）♠K42 ♡Q53 ◇AJ42 ♣AQ2

不叫，我持边缘牌力，我认为这样一手均型牌不能完成成局定约。

（3）♠42 ♡AJ3 ◇AKJ42 ♣K92

3NT，我持边缘牌力，基于有五张方块套可以作为赢墩来源，我认为可以完成成局定约。

（4）♠AJ2 ♡A53 ◇A2 ♣Q9872

不叫，我没有进局的实力。

（5）♠42 ♡AQ3 ◇A42 ♣AK982

3NT，我有进局的实力。

问题集 4

北　　南

1NT　　2♣

2♡　　3♡

?

持下列牌位于北家，你将如何再叫？

（1）♠AK42 ♡A853 ◇A42 ♣92

不叫，我没有进局实力。

（2）♠K42 ♡AQ53 ◇A42 ♣A72

4♡，我有进局实力。

（3）♠AK82 ♡9853 ◇A42 ♣A2

不叫，我没有进局实力。

（4）♠A2 ♡Q853 ◇AKJ42 ♣K2

4♡，我有进局实力。

（5）♠A42 ♡AK73 ◇AQ42 ♣92

4♡，我有进局实力。

问题集 5

北　　南

1NT　　2♣

2♡　　2NT

?

持下列牌位于北家，你将如何再叫？

（1）♠AK42 ♡A853 ◇A42 ♣92

3♠，我有四张黑桃但没有进局实力。

（2）♠K42 ♡AQ53 ◇A42 ♣A72

3NT，我没有四张黑桃但有进局实力。

（3）♠AKJ2 ♡9853 ◇A42 ♣A2

4♠，我有四张黑桃并且有进局实力。

（4）♠A2 ♡Q853 ◇AK42 ♣K32

不叫，我没有四张黑桃并且也没有进局实力。

（5）♠AQ42 ♡AK73 ◇A42 ♣92

4♠，我有四张黑桃并且有进局实力。

问题集 6

北	南
1NT	2♣
2◇	？

持下列牌位于南家，你将如何再叫？

（1）♠A942 ♡AQ53 ◇A42 ♣K2

4♣，戈伯问叫询问A的数量，承诺叫到满贯的实力。

（2）♠2 ♡AJ53 ◇AKJ92 ♣K72

3◇，自然叫而且逼叫进局。承诺至少五张方块并且有满贯兴趣。

（3）♠2 ♡AQ53 ◇K2 ♣AK9742

3♣，自然叫而且逼叫进局。承诺至少五张梅花并且有满贯兴趣。

（4）♠A42 ♡AJ53 ◇A42 ♣K32

4NT，示量邀叫。如果开叫人持1NT的高限牌力就可以叫到满贯。

（5）♠A42 ♡A983 ◇AK2 ♣A92

4♣，戈伯问叫询问A的数量，承诺叫到满贯的实力。

牌例 1 双方无局

北发牌

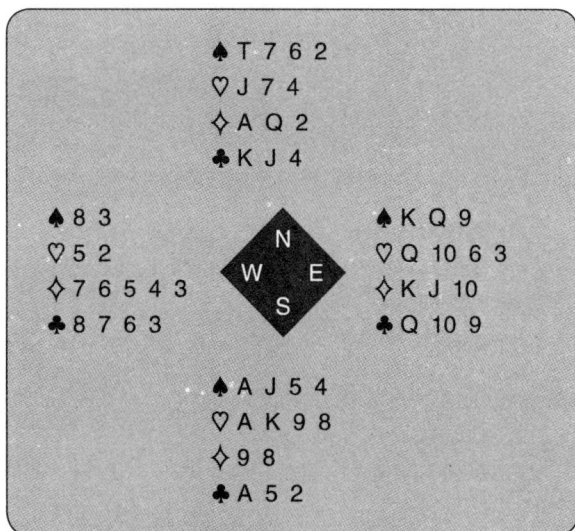

```
              ♠ T 7 6 2
              ♡ J 7 4
              ♢ A Q 2
              ♣ K J 4

♠ 8 3              N              ♠ K Q 9
♡ 5 2          W     E            ♡ Q 10 6 3
♢ 7 6 5 4 3        S              ♢ K J 10
♣ 8 7 6 3                         ♣ Q 10 9

              ♠ A J 5 4
              ♡ A K 9 8
              ♢ 9 8
              ♣ A 5 2
```

西	北	东	南
	不叫	1♣	1NT
不叫	2♣	不叫	2♡
不叫	3NT	不叫	4♠
全不叫			

1NT＝15 ～ 18 点的均型牌，梅花有挡张。

2♣＝斯台曼，询问同伴是否有四张高花套。

2♡＝我有四张红心。

3NT ＝我有成局实力但没有四张红心。

4♠＝我不仅有四张红心而且还有四张黑桃。记住，南家很清楚如果北家没有高花套就不会应叫斯台曼。基于北家没有四张红心，那么他一定有四张黑桃。

牌例 2 南北有局

东发牌

```
                        ♠ 6 5 2
                        ♡ 6
                        ◇ Q 9 8 6 2
                        ♣ 10 7 3 2

    ♠ A 10 9 3              N           ♠ K Q 8 4
    ♡ A 10 9 3          W     E         ♡ K 7 4
    ◇ 10 4                 S            ◇ A K 7
    ♣ J 9 4                             ♣ Q 8 5

                        ♠ J 7
                        ♡ Q J 8 5 2
                        ◇ J 5 3
                        ♣ A K 6
```

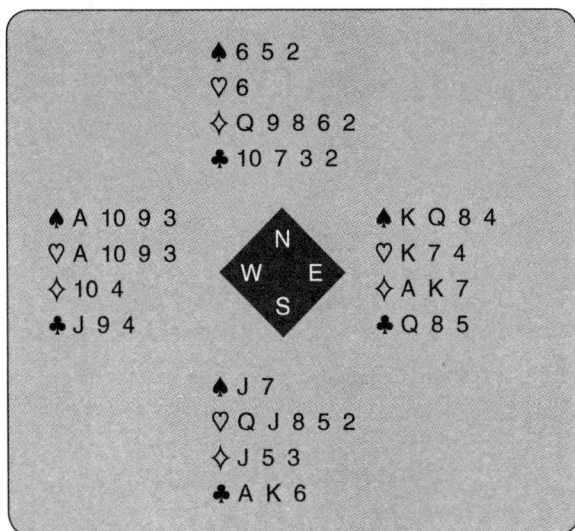

西	北	东	南
		1NT	不叫
2♣	不叫	2♠	不叫
3♠	不叫	4♠	不叫
全不叫			

1NT = 15 ～ 17 点的均型牌，没有五张或更长的高花套。

2♣ = 斯台曼，询问同伴是否有四张高花套。

2♠ = 我有四张黑桃。

3♠ = 我也有四张黑桃，联手有配合但我只有 8 ～ 9 点。

4♠ = 我是 1NT 开叫的高限牌力，我认为联手可以完成成局定约。

牌例 3 东西有局

南发牌

```
                    ♠ K Q 8
                    ♡ Q 8 5 2
                    ◇ 8 5 2
                    ♣ K Q 2

   ♠ J 10 9                      ♠ A 7 6 5
   ♡ A 4          N              ♡ K J 9 7 6
   ◇ A Q 6 3   W     E           ◇ K 4
   ♣ A J 5 3      S              ♣ 9 8

                    ♠ 4 3 2
                    ♡ 10 3
                    ◇ J 10 9 7
                    ♣ 10 7 6 4
```

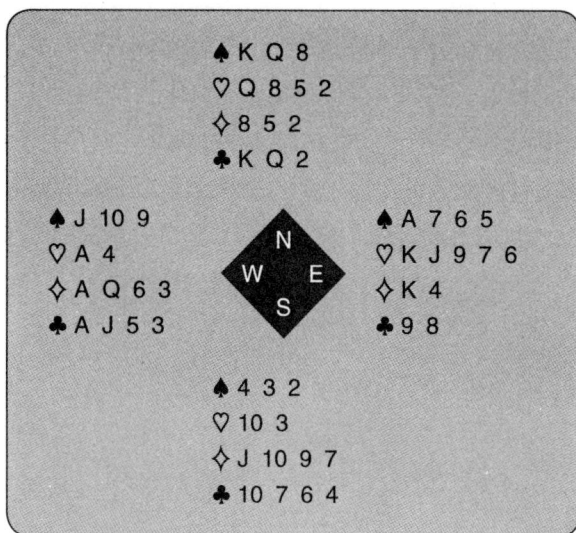

西	北	东	南
			不叫
1NT	不叫	2♣	不叫
2◇	不叫	3♡	不叫
3NT	全不叫		

1NT ＝ 15 ～ 17 点的均型牌，没有五张或更长的高花套。

2♣＝斯台曼，询问同伴是否有四张高花套。

2◇＝我没有四张高花套。

3♡＝我有五张红心以及 10⁺点牌力。记住，跳叫三阶高花显示逼叫进局的实力。

3NT ＝我没有红心配合（三张红心）。

牌例 4 双方有局

西发牌

```
              ♠ K 10 6 2
              ♡ 10 8
              ♢ A J 8
              ♣ A K 6 5

♠ Q J 4 3         N          ♠ A 8
♡ J 7 4       W       E      ♡ 9 5 3 2
♢ 9 6 5           S          ♢ K Q 7 3
♣ 10 9 4                     ♣ Q J 2

              ♠ 9 7 5
              ♡ A K Q 6
              ♢ 10 4 2
              ♣ 8 7 3
```

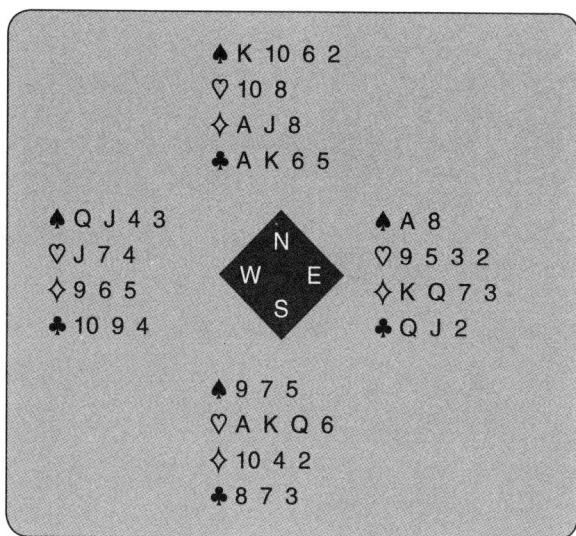

西	北	东	南
不叫	1NT	不叫	2♣
不叫	2♠	不叫	2NT
全不叫			

1NT ＝ 15 ～ 17 点均型牌，没有五张或更长的高花套。

2♣＝斯台曼，询问同伴是否有四张高花套。

2♠＝我持有四张黑桃。

2NT ＝我没有四张黑桃，而且只有 8 ～ 9 点。

不叫＝我是 1NT 开叫的低限牌力。

牌例 5 南北有局

北发牌

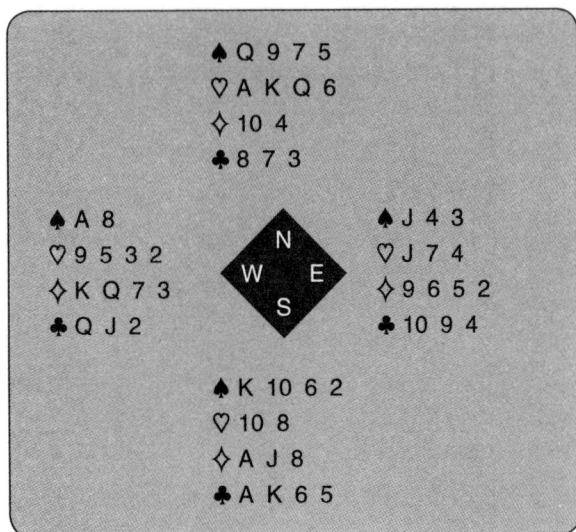

```
                    ♠ Q 9 7 5
                    ♡ A K Q 6
                    ◇ 10 4
                    ♣ 8 7 3
  ♠ A 8                              ♠ J 4 3
  ♡ 9 5 3 2            N             ♡ J 7 4
  ◇ K Q 7 3         W     E          ◇ 9 6 5 2
  ♣ Q J 2              S             ♣ 10 9 4
                    ♠ K 10 6 2
                    ♡ 10 8
                    ◇ A J 8
                    ♣ A K 6 5
```

西	北	东	南
	不叫	不叫	1NT
不叫	2♣	不叫	2♠
不叫	4♠	全不叫	

1NT = 15 ～ 17 点的均型牌，没有五张或更长的高花套。

2♣=斯台曼，询问同伴是否有四张高花套。

2♠=我持有四张黑桃。

4♠=我也有四张黑桃，10 ～ 14 点牌力。

牌例 6 东西有局

东发牌

```
                ♠ 8 6 3
                ♡ Q 10 9 3
                ♢ K 5
                ♣ 10 9 8 2

♠ J 10 4 2           N        ♠ K Q 5
♡ 7 6            W       E    ♡ J 5 2
♢ 9 7 6 2            S        ♢ A 8 4 3
♣ K J 3                       ♣ 7 6 5

                ♠ A 9 7
                ♡ A K 8 4
                ♢ Q J 10
                ♣ A Q 4
```

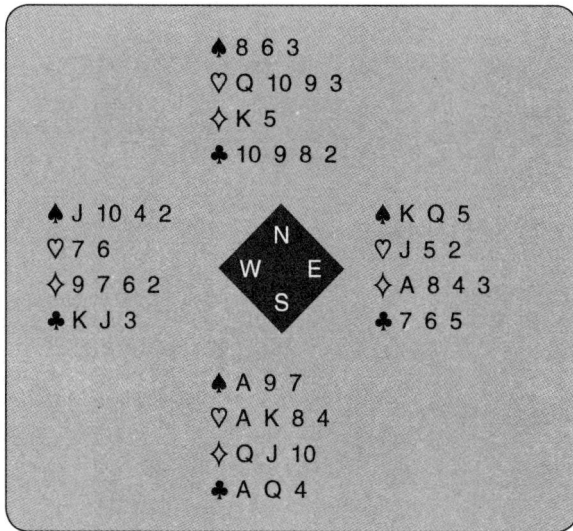

西	北	东	南
		不叫	2NT
不叫	3♣	不叫	3♡
不叫	4♡	全不叫	

2NT = 20～21 点的均型牌。

3♣=斯台曼，我至少有一门四张高花以及 5$^+$点牌力。

3♡=我有四张红心。

4♡=这也是我持有的高花。我们有足够的实力成局，但不足以试探满贯。

牌例 7 双方有局

南发牌

```
                    ♠ Q J 10 4
                    ♡ 8 7 5
                    ◇ K 6
                    ♣ Q J 9 6

    ♠ 9 3                              ♠ K 6 2
    ♡ K 9 6 3 2         N              ♡ J
    ◇ A J 9 7 2      W     E           ◇ Q 10 8 5
    ♣ 3                 S              ♣ 10 8 7 4 2

                    ♠ A 8 7 5
                    ♡ A Q 10 4
                    ◇ 4 3
                    ♣ A K 5
```

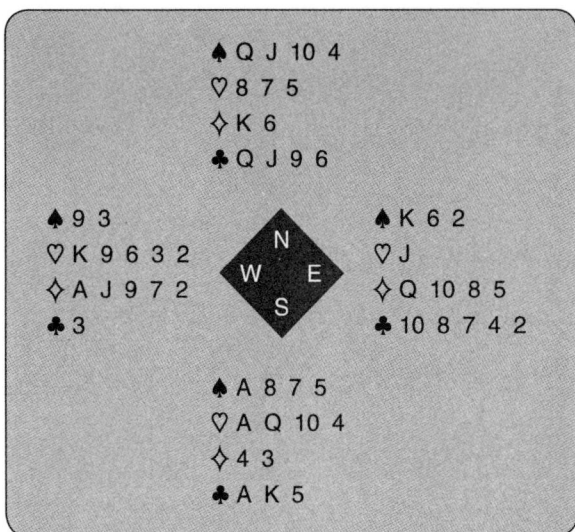

西	北	东	南
			1NT
不叫	2♣	不叫	2♡
不叫	2NT	不叫	4♠
全不叫			

1NT＝15～17 点的均型牌，没有五张或更长的高花套。

2♣＝斯台曼，询问同伴是否有四张高花套。

2♡＝我有四张红心。

2NT＝我没有四张红心，8～9 点牌力。

4♠＝我有 16～17 点并且有四张黑桃。（记住，南家知道同伴一定有四张黑桃，否则他就不会应叫斯台曼，而且他没有四张红心。）

牌例 8 双方无局

西发牌

```
                    ♠ K Q 8
                    ♡ Q 8 5 2
                    ♢ 8 5 2
                    ♣ K Q 2

    ♠ J 10                          ♠ A 9 7 6 5
    ♡ A 6 4          N             ♡ K J 9 7
    ♢ A Q 6 3      W   E           ♢ K 4
    ♣ A J 5 3        S             ♣ 9 8

                    ♠ 4 3 2
                    ♡ 10 3
                    ♢ J 10 9 7
                    ♣ 10 7 6 4
```

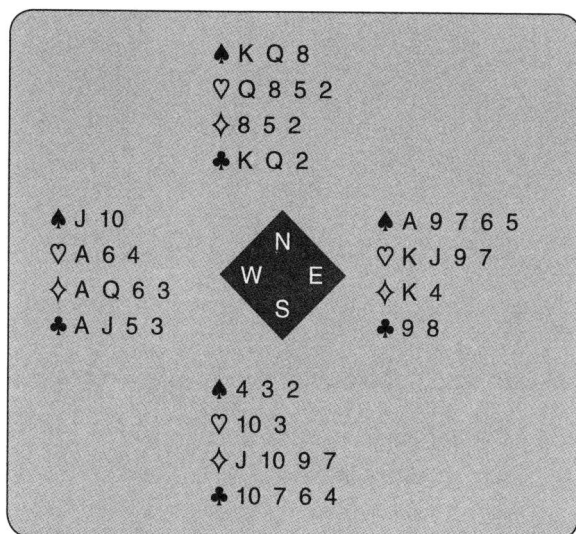

西	北	东	南
1NT	不叫	2♣	不叫
2♢	不叫	3♠	不叫
3NT	全不叫		

1NT＝15～17 点的均型牌，没有五张或更长的高花套。

2♣＝斯台曼，询问同伴是否有四张高花套。

2♢＝我没有四张高花套。

3♠＝我持有 10⁺点以及五张黑桃。

3NT＝我没有黑桃配合（三张黑桃）。

杰克贝转移叫

杰克贝转移叫由奥斯瓦尔德·杰克贝（Oswald Jacoby）发明，他使很多梦想的叫牌进程成为现实：

·使无将开叫人成为庄家，这意味着首攻人对着强牌首攻，且强牌的实力得以隐藏；

·当应叫人持双套牌时，他可以展示自己的持牌；

·无将开叫后的三阶应叫可以显示特殊类型的牌（通常是畸型牌）。

杰克贝转移叫是：

·应叫人使用，表示五张或更长的高花套；

·一个指示，要求开叫人再叫比自己所叫花色高一级的叫品；

·一个人为叫品，应叫人既没有承诺也没有否认自己所叫花色的任何情况；

·一个非限制性叫品，应叫人的点力范围是 0 ～ 25 点。目前他简单要求开叫人再叫自己显示的高花；

·约定之后就无法改变。使用杰克贝转移叫就意味着 2◇ 或 2♡ 再也不是同伴开叫或者争叫无将后的自然叫。

注意：如果你有 8$^+$ 点牌力，一门五张或者更长的高花以及一门四张高花，你应该应叫斯台曼而不是杰克贝转移叫。

例 1		例 2	
北	南	北	南
1NT	2◇	1NT	2♡
2♡		2♠	

例 1：2◇ 是杰克贝转移叫，接力至 2♡。开叫人必须再叫红心。

例 2：2♡ 是杰克贝转移叫，接力至 2♠。开叫人必须再叫黑桃。

杰克贝转移叫并没有询问开叫人：

·是否有三张或者更长的黑桃（或红心）支持；

- 是否有一个长套；

- 是无将开叫的高限还是低限牌力；

- 是否愿意打二阶高花定约。

杰克贝转移叫只要求同伴再叫强制性的叫品——2♡或2♠。

杰克贝转移叫在以下情况下适用：

- 开叫或者争叫 1NT；

- 开叫 2NT 或者二阶争叫（非跳叫）2NT；

- 3NT 开叫或者三阶争叫（非跳叫）3NT——此处需要与同伴约定；

- 开叫 2♣后再叫无将；

- 敌方加倍同伴的无将开叫；

- 敌方争叫 2♣并且 2♣是人为的约定叫。

以下情况不适用杰克贝转移叫：

- 开叫人再叫 1NT 或 2NT；

- 开叫人或争叫人再叫约定性的无将；

- 敌方以花色做过争叫（前文提及的约定性 2♣争叫除外）。

应叫人的第二次叫牌展示整手牌的实力，套的长度以及剩余牌张的分布情况。

同伴开叫或者争叫无将，应叫人使用转移叫，后续叫牌非常简单。

北　　　南

1NT　　2♢

2♡　　　?

南家再叫：

- 不叫：我持一手差牌（少于 6 点）但有红心长套；

- 2NT：我有五张红心以及 8～9 点牌力；

29

- 3♡：我有六张以上红心以及 8 ～ 9 点牌力；

- 3NT：我有五张红心以及 10 ～ 14 点牌力；

- 4♡：我有六张以上红心以及 10 ～ 14 点牌力；

- 3 阶新花色：自然叫，表示五张以上长套，承诺逼叫进局并且有满贯兴趣；

- 4♣：戈伯问叫（问 A）；

- 4NT：示量邀叫（约定叫，询问开叫人的牌力）。

北   南

1NT 2♡

2♠   ?

南家再叫：

- 不叫：我持一手差牌（少于 6 点）但有黑桃长套；

- 2NT：我有五张黑桃以及 8 ～ 9 点牌力；

- 3♠：我有六张以上黑桃以及 8 ～ 9 点牌力；

- 3NT：我有五张黑桃以及 10 ～ 14 点牌力；

- 4♠：我有六张以上黑桃以及 10 ～ 14 点牌力；

- 3 阶新花色：自然叫，表示五张以上长套，承诺逼叫进局并且有满贯兴趣；

- 4♣：戈伯问叫（问 A）；

- 4NT：示量邀叫（约定叫，询问开叫人的牌力）。

开叫人的第三次叫牌基于以下信息：

- 从应叫人的第二个叫品获取的信息；

- 开叫人的整体实力；

- 开叫人在应叫人高花套上的张数。

如果应叫人的第二次叫牌是不叫（表示 0 ～ 7 点），那么叫牌已经结束。

　　如果应叫人再叫 2NT（表示五张高花以及 8～9 点），并且开叫人在应叫人的高花是双张，开叫人可以：

　　·持 15 点时，不叫；

　　·持 17 点时，再叫 3NT；

　　·持 16 点时，开叫人判断自己的牌是否能得到九墩，从而决定是否进局。

　　如果应叫人再叫 2NT（表示五张高花以及 8～9 点），并且开叫人对应叫人的高花有三张支持，开叫人可以：

　　·持 15 点时，三阶再叫应叫人的高花；

　　·持 16～17 点时，四阶再叫应叫人的高花进局。

　　如果应叫人再叫 3NT（表示 5 五张高花以及 10～14 点）：

　　·如果在同伴的高花上只有两张时，开叫人不叫；

　　·如果在同伴的高花上有 3 张或者更长时，开叫人四阶再叫同伴的高花。

　　如果应叫人再叫 3♡/♠（表示六张以上高花以及 8～9 点），开叫人可以：

　　·持 15 点时，不叫；

　　·持 16～17 点时，加叫同伴的高花至四阶。

　　当应叫人再叫 4♡/♠（表示六张以上高花以及 10～14 点），开叫人可以：

　　·不叫，与整手牌的实力以及同伴高花上的张数均无关。

　　如果应叫人在三阶再叫新花色（通常是低花，自然叫表示五张以上长套，逼叫进局并且有满贯兴趣），开叫人可以：

　　·三阶叫回同伴的高花：对应叫人的高花有三张或者更长的支持，并且有满贯兴趣；

　　·再叫新花色：扣叫控制（A），表示配合应叫人的第二套花色并且有满贯兴趣；

•四阶叫回同伴的高花：表示对应叫人的高花有三张或者更长的支持，但满贯的可能性很小；

•再叫 3NT：对应叫人的花色均无配合，而且满贯可能性很小。

如果应叫人再叫 4NT（示量邀叫），开叫人可以：

•不叫：开叫人持低限牌力（15 点）并且认为满贯的可能性很小；

•再叫 6NT：开叫人持高限牌力（17 点或者 16 点有五张套）并且认为满贯很有机会；

如果应叫人再叫 4♣（戈伯问叫，询问 A），开叫人可以：

•照章回答应叫人的问题。

补充要点

有些搭档约定，如果开叫人持 17 点并且对同伴的高花有四张支持时，应该使用"超转移"（这也是我所推荐的方法）。通过三阶跳叫同伴的高花（3♡/♠），开叫人展示这样一手牌。

有些搭档约定，如果开叫人持 17 点并且对同伴的高花有三张支持时，应该使用"超转移"。通过再叫 2NT 而不是简单接受转移，开叫人展示这样一手牌。

有些搭档约定，如果开叫人持 17 点并且对同伴的高花有四张支持时，开叫人应该再叫新花色。再叫的花色可以是特征显示——短套或者点力集中，也可以是扣叫控制。

记住，无论你和同伴如何约定，初始的杰克贝转移叫不承诺任何点力。使用上述约定之一就使得联手必须主打三阶定约。请从中选择你感到合理的处理方式。

牌例 1 双方有局

北发牌

```
                    ♠ A J 5
                    ♡ K 7
                    ♢ Q 10 9 8
                    ♣ A K 7 4

    ♠ 3 2                          ♠ 10 7 6
    ♡ A J 10 4          N          ♡ 9 8 5 2
    ♢ K J 5 2       W     E        ♢ A 6 4
    ♣ 10 5 3           S           ♣ J 8 2

                    ♠ K Q 9 8 4
                    ♡ Q 6 3
                    ♢ 7 3
                    ♣ Q 9 6
```

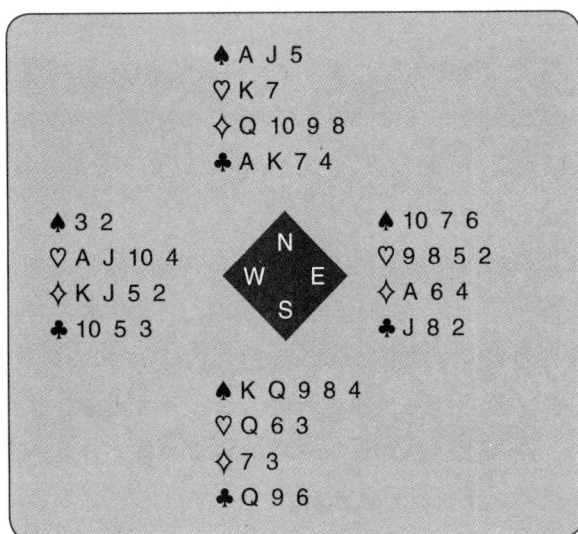

西	北	东	南
	1NT	不叫	2♡
不叫	2♠	不叫	2NT
不叫	4♠	全不叫	

2♡＝杰克贝转移叫，要求同伴再叫 2♠。

2NT ＝我有五张黑桃以及 8 ～ 9 点。

4♠＝我对黑桃有配合（三张或以上）并且有进局实力（16 ～ 17 点）。

牌例 2 双方无局

东发牌

♠ Q 9 2
♡ A 9 4
♢ K 6 5 2
♣ Q 6 2

♠ 6 3
♡ K J 8 7 5 3
♢ 9 4
♣ 10 8 5

N
W E
S

♠ A K 7 4
♡ 6 2
♢ Q J 10 7
♣ A J 7

♠ J 10 8 5
♡ Q 10
♢ A 8 3
♣ K 9 4 3

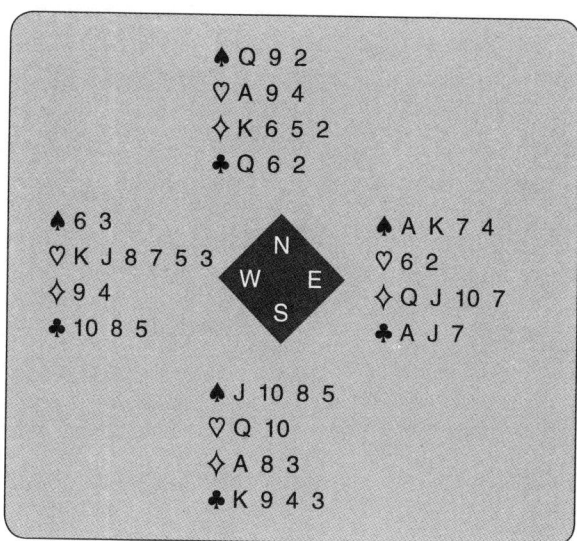

西	北	东	南
		1NT	不叫
2♢	不叫	2♡	全不叫

2♢＝杰克贝转移叫，要求同伴再叫 2♡。

不叫＝我有 0 ～ 7 点。

牌例 3 双方有局

南发牌

```
                ♠ A J 8 4 3 2
                ♡ K 8
                ◇ K 9 5
                ♣ 8 3

    ♠ 9                        ♠ 10 5
    ♡ J 7 5 2        N         ♡ Q 10 6 4
    ◇ J 10 8 7    W     E      ◇ 6 4 2
    ♣ K J 7 5        S         ♣ A 10 4 2

                ♠ K Q 7 6
                ♡ A 9 3
                ◇ A Q 3
                ♣ Q 9 6
```

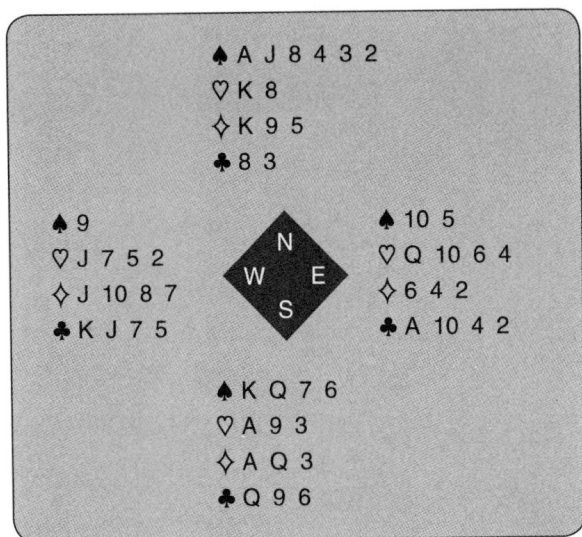

西	北	东	南
			1NT
不叫	2♡	不叫	2♠
不叫	4♠	全不叫	

2♡＝杰克贝转移叫，要求同伴再叫 2♠。

4♠＝"同伴，我有六张以上黑桃以及 10 ～ 14 点。"

36

牌例 4 双方无局

西发牌

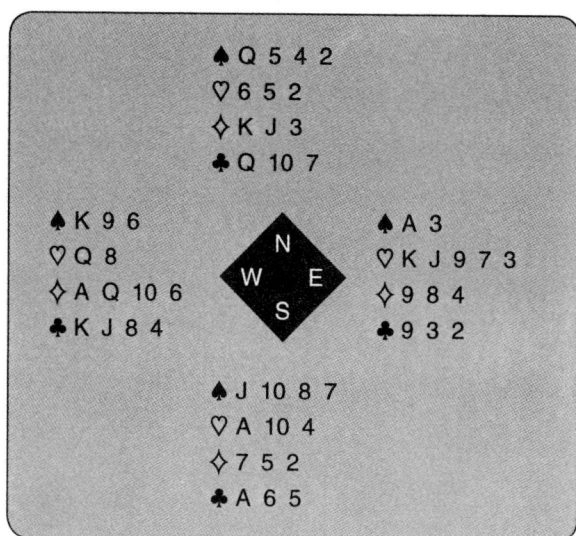

```
                    ♠ Q 5 4 2
                    ♡ 6 5 2
                    ♦ K J 3
                    ♣ Q 10 7
♠ K 9 6                              ♠ A 3
♡ Q 8              N                 ♡ K J 9 7 3
♦ A Q 10 6      W     E              ♦ 9 8 4
♣ K J 8 4          S                 ♣ 9 3 2
                    ♠ J 10 8 7
                    ♡ A 10 4
                    ♦ 7 5 2
                    ♣ A 6 5
```

西	北	东	南
1NT	不叫	2♦	不叫
2♡	不叫	2NT	全不叫

2♦＝杰克贝转移叫，要求同伴再叫 2♡。

2NT＝"同伴，我有五张红心以及 8～9 点。"

不叫＝我只有两张红心以及 15～16 点。

牌例 5 双方有局

北发牌

```
              ♠ A 5
              ♡ K 7
              ♢ Q J 10 9 8
              ♣ A K 7 4

♠ J 3 2                    ♠ 10 7 6
♡ A J 10 4 2       N       ♡ 9 8 5
♢ K 5           W     E    ♢ A 6 4 2
♣ 10 5 3           S       ♣ J 8 2

              ♠ K Q 9 8 4
              ♡ Q 6 3
              ♢ 7 3
              ♣ Q 9 6
```

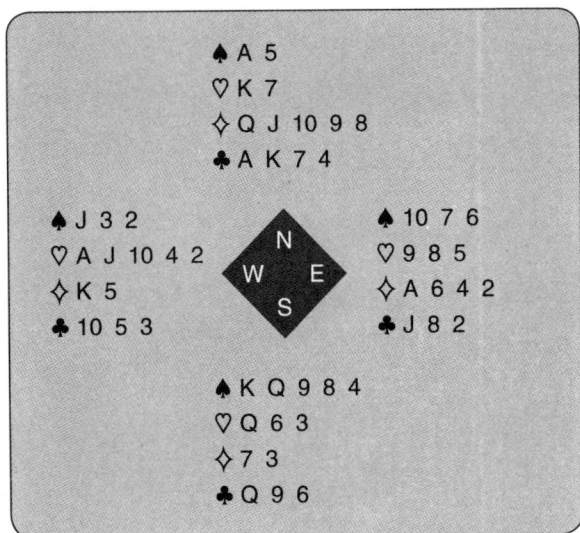

西	北	东	南
	1NT	不叫	2♡
不叫	2♠	不叫	2NT
不叫	3NT	全不叫	

2♡ = 杰克贝转移叫，要求同伴再叫 2♠。

2NT = "同伴，我只有五张黑桃以及 8～9 点。"

3NT = "虽然只有两张黑桃支持但我有 17 点。"

牌例 6 双方无局

东发牌

```
                    ♠ Q 9 2
                    ♡ A 9 4
                    ♢ K 6 5 2
                    ♣ Q 6 2

    ♠ 6 3                              ♠ A K 7 4
    ♡ K J 8 7 5 3         N            ♡ 6 2
    ♢ A 4              W     E         ♢ Q J 10 7
    ♣ 10 8 5              S            ♣ A J 7

                    ♠ J 10 8 5
                    ♡ Q 10
                    ♢ 9 8 3
                    ♣ K 9 4 3
```

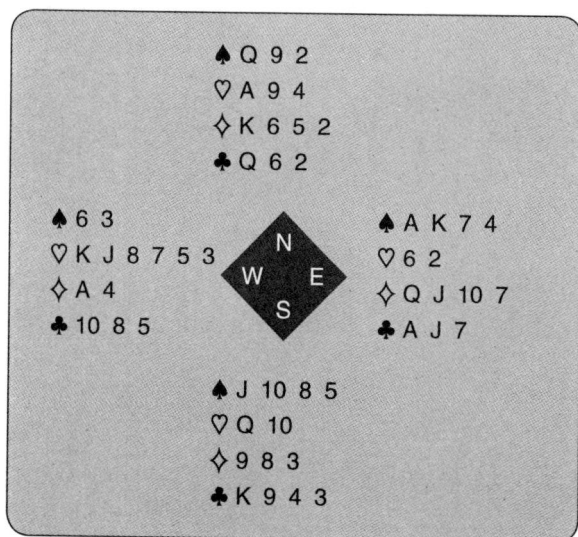

西	北	东	南
		1NT	不叫
2♢	不叫	2♡	不叫
3♡	全不叫		

2♢＝杰克贝转移叫，要求同伴再叫 2♡。

3♡＝我有六张以上红心以及 8～9 点。

不叫＝我是低限牌力，不能进局。

牌例 7 双方有局

南发牌

♠ A J 8 4 2
♡ K 8
♢ 9
♣ A K 8 3 2

♠ Q 9
♡ J 7 5 2
♢ J 10 8 7
♣ Q 7 5

♠ K 10 5 3
♡ 10 6 4
♢ 6 5 4 2
♣ 10 4

♠ 7 6
♡ A Q 9 3
♢ A K Q 3
♣ J 9 6

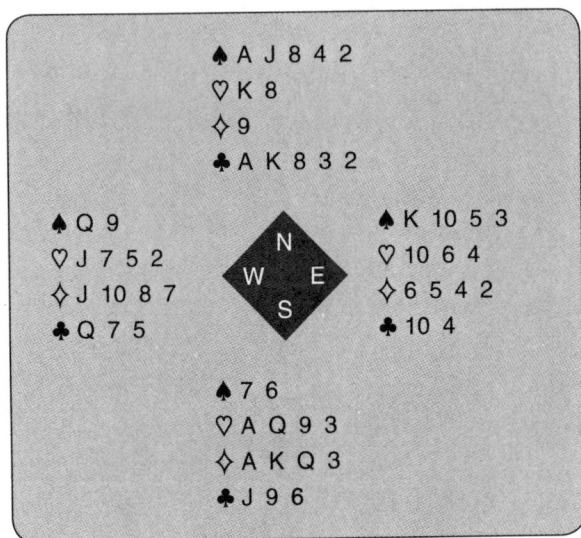

西	北	东	南
			1NT
不叫	2♡	不叫	2♠
不叫	3♣	不叫	3NT
全不叫			

2♡＝杰克贝转移叫，要求同伴再叫 2♠。

3♣＝自然叫，表示五张以上梅花，逼叫进局并且有满贯兴趣。

3NT ＝"我没有黑桃配合（三张以上），并且也没有梅花配合（四张以上）。基于目前的信息，我认为满贯的可能性很小。"

牌例 8 双方无局

西发牌

♠ J 5 4 2
♡ 8 6 2
♢ K 3
♣ Q 10 9 7

♠ A Q 6   ♠ K 3
♡ K Q 5   ♡ A J 9 7 3
♢ J 6   ♢ A Q 9 8 4
♣ K J 8 4 3   ♣ 2

（N E W S 方位图）

♠ 10 9 8 7
♡ 10 4
♢ 10 7 5 2
♣ A 6 5

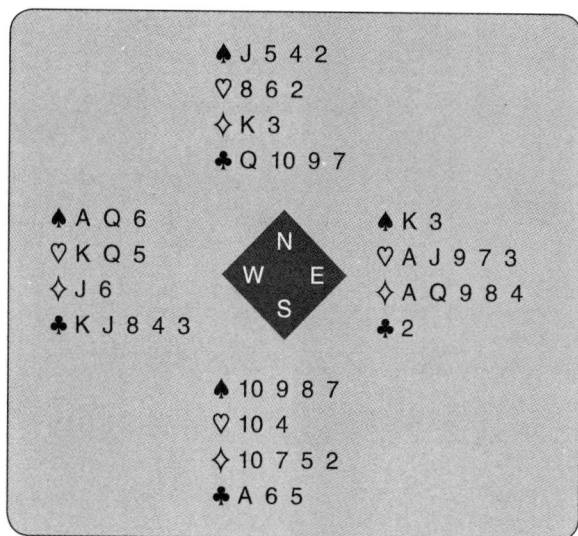

西	北	东	南
1NT	不叫	2♢	不叫
2♡	不叫	3♢	不叫
3♡	不叫	4♢	不叫
4♡	全不叫		

2♢＝杰克贝转移叫，要求同伴再叫 2♡。

3♢＝自然叫，表示五张以上方块，逼叫进局并且有满贯兴趣。

3♡＝"我有红心配合（三张以上），并且基于目前对你持牌的了解，我认为满贯是有可能的。"

4♢＝扣叫表示♢A，同时否认有♠A 和♣A。

4♡＝"我认为联手应该满足于成局定约。"

41

德克萨斯转移叫

德克萨斯转移叫是一种在四阶转移高花的处理方式。这个约定叫由美国的大卫·卡特（David Carter）以及瑞典的欧莱·韦尔纳（Olle Willner）发明。它适用于自然含意的无将开叫，无将争叫以及首先开叫 2♣ 随后再叫无将。应叫人必须持六张或者更长的高花套。它适用于以下三种局势：

• 有六张或者更长的高花套，愿意成局但没有满贯兴趣；

• 有一门四张高花以及另外一门六张或者更长的高花套；

• 有六张或者更长的高花套，并且准备随后以黑木问叫（或者关键张问叫）询问同伴 A 的数量。

只要跳叫依然成立，那么在竞叫过程中同样可以使用德克萨斯转移叫。

这个约定叫的使用方式与杰克贝转移叫类似，只不过在更高的阶数。在开叫 1NT 或者 2NT 之后（或者争叫 1NT）：

• 跳叫 4♦ 要求同伴再叫 4♡；

• 跳叫 4♡ 要求同伴再叫 4♠。

例 1		例 2	
北	南	北	南
1NT	4♦	1NT	4♡
4♡		4♠	

例 1：在成局水平转移至红心表示六张以上红心，低限进局实力（大约 10 ～ 13 点）。应叫人没有试探满贯的实力。

例 2：在成局水平转移至黑桃表示六张以上黑桃，低限进局实力（大约 10 ～ 13 点）。应叫人没有试探满贯的实力。

当你持 6－4 高花时，同样跳叫四阶表示转移叫。区别在于你的第一个叫品是 2♣ 斯台曼，并且同伴答叫 2♦ 否认四张高花。

例3		例4	
北	南	北	南
1NT	2♣	1NT	2♣
2◇	4◇	2◇	4♡
4♡		4♠	

例3：首先使用斯台曼，开叫人否认四张高花后，转移至红心进局，表示六张以上红心，低限进局实力（应叫人一定有四张黑桃，否则他不会从斯台曼起步）。应叫人没有试探满贯的实力。

例4：首先使用斯台曼，开叫人否认四张高花后，转移至黑桃进局，表示六张以上黑桃，低限进局实力（应叫人一定有四张红心套，否则他不会从斯台曼起步）。应叫人没有试探满贯的实力。

如果持六张以上高花并且有满贯兴趣时，应叫人有以下两种选择：

·显示轻微满贯兴趣；

·显示强烈的满贯兴趣并且询问 A（或者关键张，如果你们使用关键张问叫）。

例5		例6	
北	南	北	南
1NT	2◇	1NT	2♡
2♡	4♡	2♠	4♠

例5：这是一种缓慢叫到红心成局定约的进程（首先使用杰克贝转移叫，然后再加叫成局），表示六张以上红心以及轻微满贯兴趣。应叫人可能持下面这样一手牌：

♠KJ2 ♡AQ10985 ◇85 ♣K2

六张红心，13点牌力以及良好的控制（A 和 K）。如果开叫人有红心配合以及丰富的控制张，应叫人的牌适合叫满贯。

例 6：这是一种缓慢叫到黑桃成局定约的进程（首先使用杰克贝转移叫，然后再加叫成局），表示六张以上黑桃以及轻微满贯兴趣。应叫人可能持下面这样一手牌：

♠ KQ109652 ♡ A5 ♦ Q5 ♣ K2

七张黑桃，14 点牌力以及良好的控制（A 和 K）。如果开叫人有黑桃配合以及丰富的控制张，应叫人的牌适合叫满贯。

例 7   例 8

北   南   北   南

1NT   4♦   1N   4♡

4♡   4NT   4♠   4NT

例 7：首先转移至红心进局然后再叫 4NT 告诉同伴，"红心是将牌，我持一手强牌，一定要打满贯。我只需要知道你有几个A（或者关键张，如果使用关键张黑木问叫）。"

例 8：首先转移至黑桃进局然后再叫 4NT 告诉同伴，"黑桃是将牌，我持一手强牌，一定要打满贯。我只需要知道你有几个A（或者关键张，如果你使用关键张黑木问叫）。"

为什么采用这种叫牌方式？为此我们放弃了什么？这种用法有什么缺陷？没有任何理由不使用德克萨斯转移叫。它没有任何缺陷。你也没有放弃任何用以表示其他类型持牌的叫品。

以下就是得克萨斯转移叫的优点：

• 开叫无将的一方成为庄家；

• 当应叫人相对较弱并且只满足于成局定约，叫牌可以非常迅速地达到相应的阶数；

• 如果认为很有可能，你可以首先使用德克萨斯转移至自己的高花，然后再使用黑木问叫（或者关键张问叫）。这样的叫法非常明确，根本不会产生 4NT 是黑木问叫还是示量邀叫的歧义；

•结合使用杰克贝转移叫，在你持六张以上高花时，可以区分仅够成局实力还是有温和的满贯兴趣；

•结合使用斯台曼，你可以首先寻找 4 - 4 配合的高花；如果这个想法未能如愿，你仍有办法转移至应叫人的高花长套，从而使无将开叫人成为庄家；

•结合使用斯莫伦，你可以区分 6 - 4 的弱牌和 6 - 4 的强牌。（见后文的斯莫伦约定叫。）

在随后的牌例中，你可以看到得克萨斯转移叫在实战中的应用，以及如何展示不同的持牌类型。

牌例 1 双方无局

北发牌

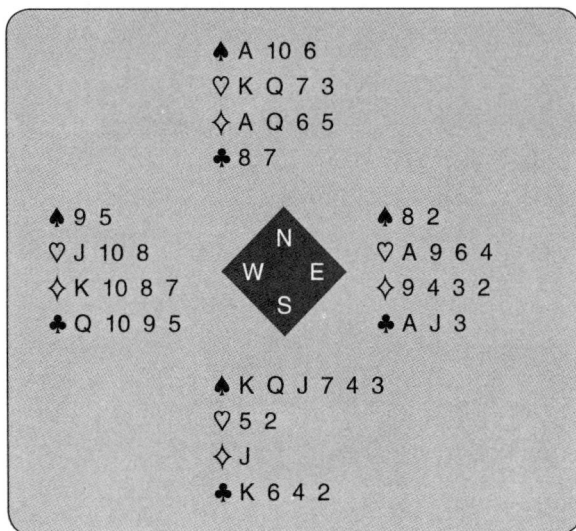

	♠ A 10 6	
	♡ K Q 7 3	
	◇ A Q 6 5	
	♣ 8 7	
♠ 9 5	N	♠ 8 2
♡ J 10 8	W E	♡ A 9 6 4
◇ K 10 8 7	S	◇ 9 4 3 2
♣ Q 10 9 5		♣ A J 3
	♠ K Q J 7 4 3	
	♡ 5 2	
	◇ J	
	♣ K 6 4 2	

西	北	东	南
	1NT	不叫	4♡
不叫	4♠	全不叫	

4♡＝德克萨斯转移叫，转移至黑桃。

4♠＝强制性叫品。

牌例 2 南北有局

东发牌

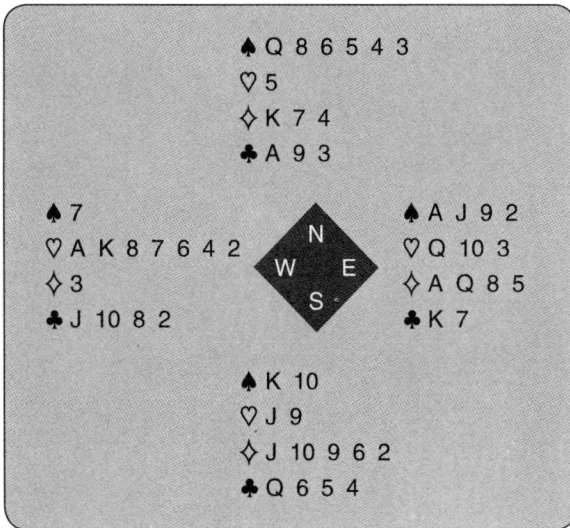

```
                    ♠ Q 8 6 5 4 3
                    ♡ 5
                    ◇ K 7 4
                    ♣ A 9 3

    ♠ 7                              ♠ A J 9 2
    ♡ A K 8 7 6 4 2      N           ♡ Q 10 3
    ◇ 3              W       E       ◇ A Q 8 5
    ♣ J 10 8 2          S           ♣ K 7

                    ♠ K 10
                    ♡ J 9
                    ◇ J 10 9 6 2
                    ♣ Q 6 5 4
```

西	北	东	南
		1NT	不叫
4◇	不叫	4♡	全不叫

4◇=德克萨斯转移叫，转移至红心。

4♡=强制性叫品。

牌例 3 东西有局

南发牌

```
                  ♠ A Q 9 6
                  ♡ Q 10 8 5 4 3
                  ♢ 9
                  ♣ J 6

  ♠ 8 7 4            N            ♠ 10 5 3
  ♡ 9 2          W       E        ♡ J 6
  ♢ J 7 6 5 3        S            ♢ K Q 8 2
  ♣ K 10 4                        ♣ A 8 5 3

                  ♠ K J 2
                  ♡ A K 7
                  ♢ A 10 4
                  ♣ Q 9 7 2
```

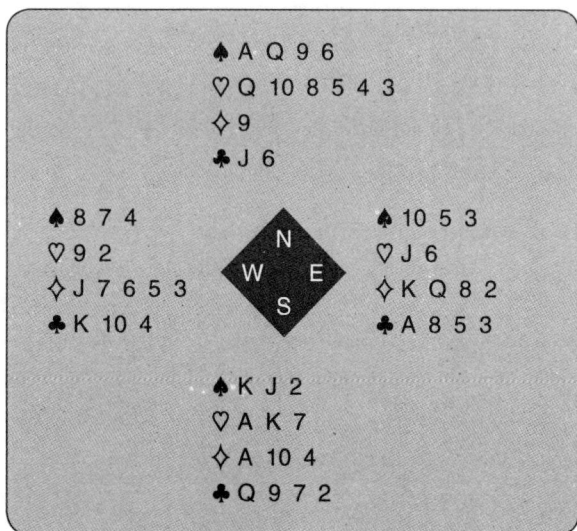

西	北	东	南
			1NT
不叫	2♣	不叫	2♢
不叫	4♢	不叫	4♡
全不叫			

2♣＝斯台曼，询问同伴是否有四张高花。

2♢＝不，我没有四张高花。

4♢＝德克萨斯转移叫，转移至红心。

4♡＝强制性叫品。

50

牌例 4 双方有局

西发牌

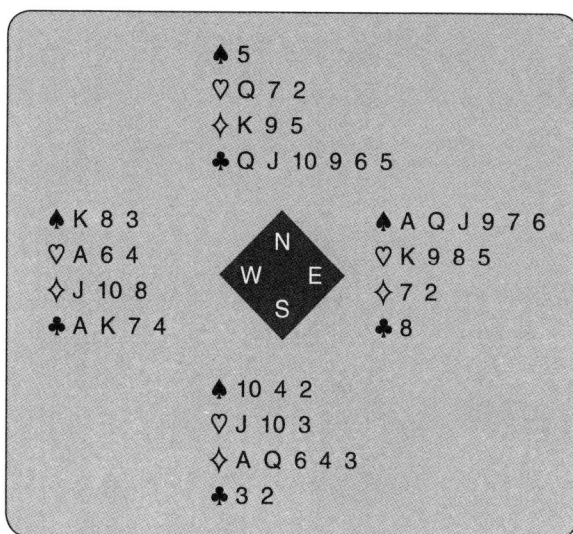

♠ 5
♡ Q 7 2
♢ K 9 5
♣ Q J 10 9 6 5

♠ K 8 3
♡ A 6 4
♢ J 10 8
♣ A K 7 4

♠ A Q J 9 7 6
♡ K 9 8 5
♢ 7 2
♣ 8

♠ 10 4 2
♡ J 10 3
♢ A Q 6 4 3
♣ 3 2

西	北	东	南
1NT	不叫	2♣	不叫
2♢	不叫	4♡	不叫
4♠	全不叫		

2♣＝斯台曼，询问同伴是否有四张高花。

2♢＝不，我没有四张高花。

4♡＝德克萨斯转移叫，转移至黑桃。

4♠＝强制性叫品。

牌例 5 南北有局

北发牌

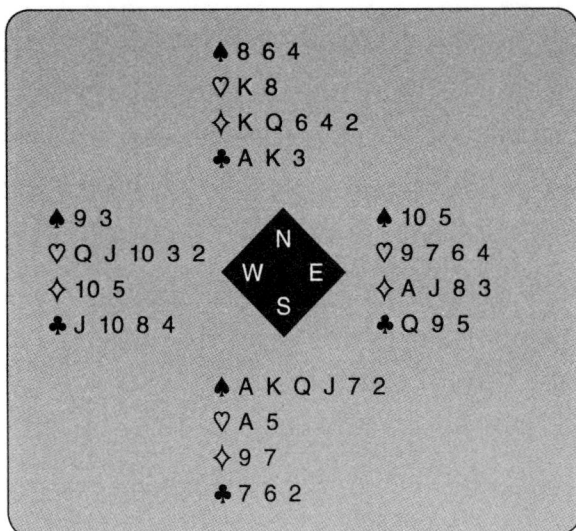

西	北	东	南
	1NT	不叫	2♡
不叫	2♠	不叫	4♠
全不叫			

2♡＝杰克贝转移叫，表示黑桃套。

2♠＝北家必须再叫 2♠。

4♠＝我有六张以上黑桃。为什么南家不简单使用德克萨斯转移叫呢？因为他持满贯的边缘牌力。通过缓慢的叫牌进程，南家表达温和的满贯兴趣。

不叫＝北家的黑桃很差并且是低限牌力，所以在同伴的 4♠ 之后不叫。

牌例 6 东西有局

东发牌

```
              ♠ 9 5 4 2
              ♡ 7 6 2
              ◇ A J 10
              ♣ 9 5 3

  ♠ K 3                        ♠ A J 7
  ♡ A Q J 8 5 4      N         ♡ K 10 3
  ◇ 6 2          W       E     ◇ K Q 8 5 3
  ♣ A 10 7           S         ♣ K 4

              ♠ Q 10 8 6
              ♡ 9
              ◇ 9 7 4
              ♣ Q J 8 6 2
```

西	北	东	南
		1NT	不叫
2◇	不叫	2♡	不叫
4♡	不叫	4NT	不叫
5♡	不叫	6♡	全不叫

2◇＝杰克贝转移叫，表示红心套。

2♡＝东家必须再叫2♡。

4♡＝我有六张以上红心。为什么西家不简单使用德克萨斯转移叫呢？因为他持满贯的边缘牌力。通过缓慢的叫牌进程，西家表达了温和的满贯兴趣。

东家在红心上有很好的配合（三张红心以及一个大牌），整手牌大多是控制（A 和 K），并且有好的 5 张长套以及一个双张。所有因素都鼓励他继续叫 4NT 试探满贯。

牌例 7 双方有局

南发牌

```
              ♠ A Q 6
              ♡ K Q J 8 7 4 2
              ♢ 2
              ♣ A 7

♠ 9 8 4 2                    ♠ J 10 7 5
♡ 6              N           ♡ 10 3
♢ J 10 9 4    W   E          ♢ A 8 6 3
♣ Q J 6 2         S          ♣ 10 8 3

              ♠ K 3
              ♡ A 9 5
              ♢ K Q 7 5
              ♣ K 9 5 4
```

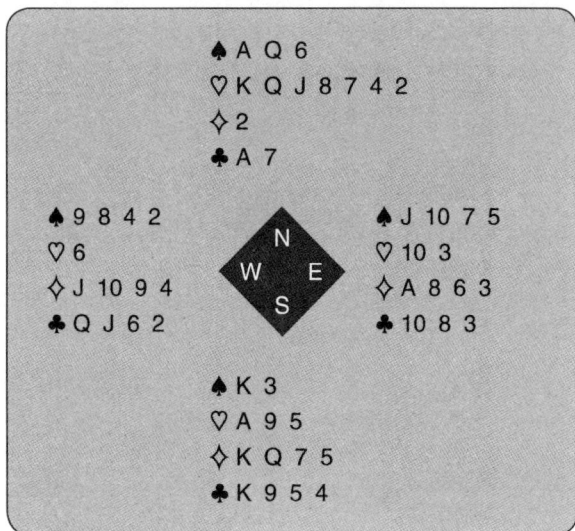

西	北	东	南
			1NT
不叫	4♢	不叫	4♡
不叫	4NT	不叫	5♢
不叫	6♡	全不叫	

4♢＝德克萨斯转移叫，转移至红心。

4♡＝强制性叫品。

4NT ＝黑木问叫，承诺以红心为将牌。

5♢＝我有一个 A。

6♡＝我认为联手只有一个输墩（基于同伴的强 1NT 开叫），所以我叫到满贯。

54

牌例 8 双方无局

西发牌

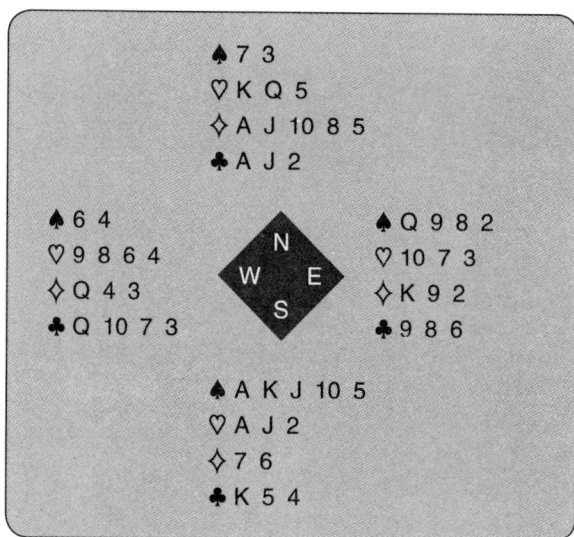

```
                    ♠ 7 3
                    ♡ K Q 5
                    ♢ A J 10 8 5
                    ♣ A J 2

    ♠ 6 4                          ♠ Q 9 8 2
    ♡ 9 8 6 4          N           ♡ 10 7 3
    ♢ Q 4 3       W       E        ♢ K 9 2
    ♣ Q 10 7 3        S           ♣ 9 8 6

                    ♠ A K J 10 5
                    ♡ A J 2
                    ♢ 7 6
                    ♣ K 5 4
```

西	北	东	南
不叫	1NT	不叫	2♡
不叫	2♠	不叫	4NT
全不叫			

2♡＝杰克贝转移叫，表示黑桃套。

2♠＝开叫人必须再叫 2♠。

4NT ＝示量邀叫，表示接近满贯的牌力而且只有五张黑桃。如果南家准备使用黑木问叫（问 A），他应该首先使用德克萨斯转移叫，然后再叫 4NT。

不叫＝北家没有黑桃配合，而且是开叫 1NT 的低限牌力，所以开叫人不叫。

牌例 9 东西有局

北发牌

```
                    ♠ A Q 2
                    ♡ J 4
                    ♢ K Q 10 9 8
                    ♣ K 7 4

    ♠ K 8 7 6                      ♠ 10 5 4 3
    ♡ 7 5            N             ♡ 9 3
    ♢ 7 3 2       W     E          ♢ A J 5
    ♣ A 8 6 5        S             ♣ Q 10 9 2

                    ♠ J 9
                    ♡ A K Q 10 8 6 2
                    ♢ 6 4
                    ♣ J 3
```

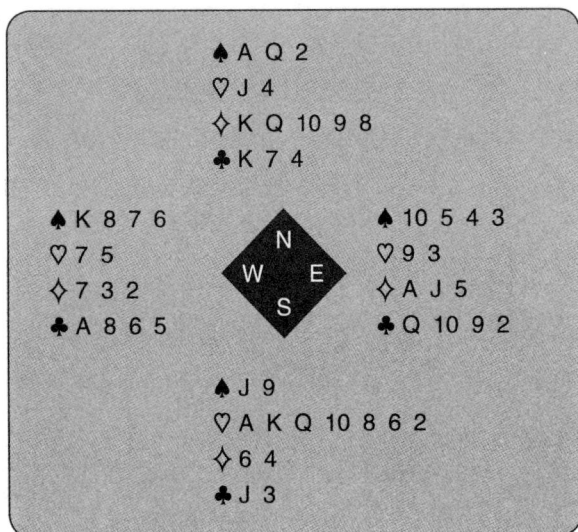

西	北	东	南
	1NT	不叫	4♢
不叫	4♡	全不叫	

4♢ = 德克萨斯转移叫，转移至红心。

4♡ = 强制性叫品。

牌例 10 双方有局

东发牌

```
                    ♠ J 3
                    ♡ 9 8 3
                    ♢ K J 10 2
                    ♣ J 5 4 2

♠ K Q 10 6 4 2         N            ♠ A 9 5
♡ Q J 10 6        W       E         ♡ A K 4 2
♢ 9 7                  S            ♢ Q 6 4
♣ 7                                 ♣ A 10 6

                    ♠ 8 7
                    ♡ 7 5
                    ♢ A 8 5 3
                    ♣ K Q 9 8 3
```

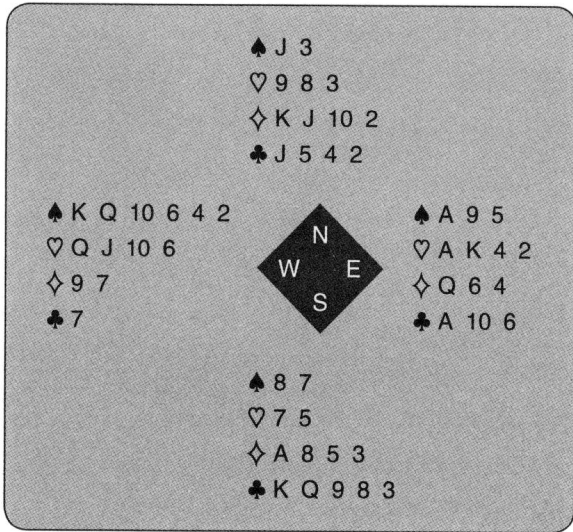

西	北	东	南
		1NT	不叫
2♣	不叫	2♡	不叫
4♡	全不叫		

2♣＝斯台曼，询问是否有四张高花。（记住，持有6－4高花首先应叫斯台曼）

2♡＝我有四张红心。

4♡＝我们应当以红心定约成局（记住，4－4配合的将牌是最佳定约）。西家认为自己持6－4牌型，联手理应成局。

牌例 11 双方无局

南发牌

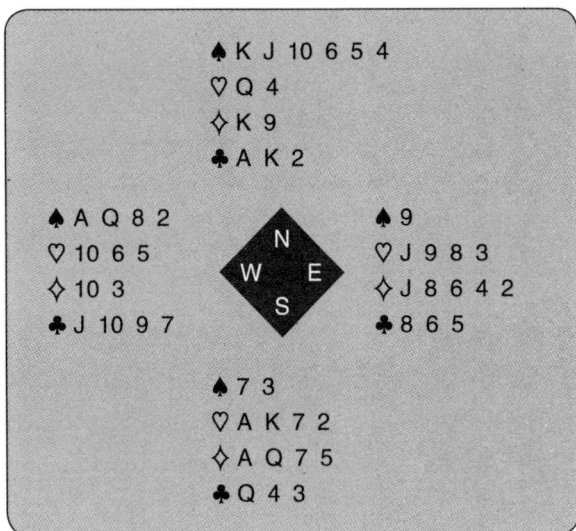

西	北	东	南
			1NT
不叫	2♡	不叫	2♠
不叫	4♠	全不叫	

2♡＝杰克贝转移叫，表示黑桃套。

2♠＝开叫人必须再叫 2♠。

4♠＝显示温和的满贯兴趣。

通过查看黑桃以及整手牌的实力，南家认为应该满足于成局定约。记住：如果北家在黑桃和梅花上都有很强的实力（♠AKQ 和♣AK），他肯定不会仅仅表示温和的满贯兴趣。如果是这样的持牌，他肯定可以直接使用黑木问叫。

58

牌例 12 南北有局

西发牌

```
                    ♠ 8 7 3
                    ♡ 10 5 4
                    ♦ 8 5 3
                    ♣ Q J 10 9

♠ A Q 6 4              N              ♠ K 2
♡ Q 3             W       E          ♡ A K J 9 8 2
♦ Q 10 7              S              ♦ K 6 4 2
♣ A K 8 7                            ♣ 3

                    ♠ J 10 9 5
                    ♡ 7 6
                    ♦ A J 9
                    ♣ 6 5 4 2
```

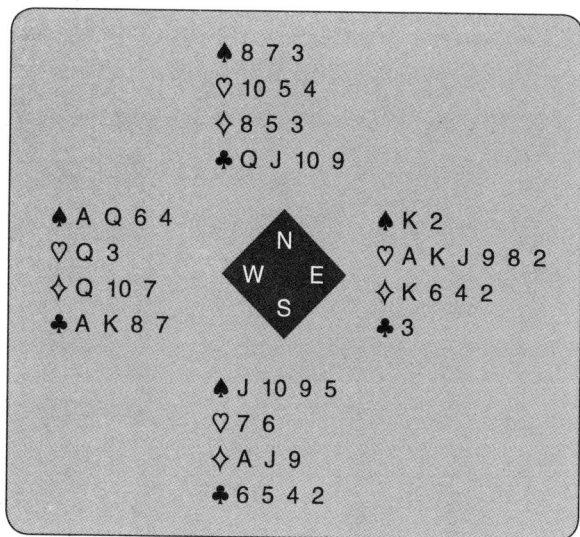

西	北	东	南
1NT	不叫	2♦	不叫
2♡	不叫	4♡	不叫
4♠	不叫	4NT	不叫
5♡	不叫	6♡	全不叫

2♦＝杰克贝转移叫，表示红心套。

2♡＝西家必须再叫2♡。

4♡＝显示红心的温和满贯兴趣。（如果没有满贯兴趣，东家应该直接使用德克萨斯转移叫。）

4♠＝我喜欢自己的牌并且我有♠A（扣叫显示第一轮控制）。

4NT ＝你有几个 A？

5♡＝我有两个 A。

6♡＝我们可以打红心满贯。

斯莫伦

开叫（或争叫）无将后，寻找 4 － 4 配合的高花至关重要。因为我们知道 4 － 4 配合的将牌比 5 － 3 或者 6 － 2 配合的将牌多一个赢墩，有些情况下甚至好于 6 － 3 配合的将牌。

斯莫伦约定叫由麦克·斯莫伦（Mike Smolen）发明。它的用法是你首先用斯台曼寻找 4 － 4 配合，如果未能如愿，可以寻找 5 － 3 或者 6 － 2 配合，并且使无将开叫人成为庄家。在增添了斯莫伦约定叫之后，仍然可以使用斯台曼和杰克贝转移叫。

斯莫伦约定叫是同伴开叫 1NT 之后，应叫人的第二次叫牌，也就是开叫人答叫 2◇后应叫人的再叫。应叫人承诺：

• 至少 8 点（假设你与同伴使用强无将；如果使用弱无将开叫，那么就要调整相应的点力范围）；

• 一门四张高花以及另外一门五张或者更长的高花。

截至目前，当开叫人没有四张高花时，应叫人必须自己再叫五张高花套，从而使得多数情况下自己成为最终定约的庄家。在有些情况下，应叫人也无法区分简单成局和有满贯兴趣的持牌。

斯莫伦约定叫同时解决了这两个潜在问题。它的用法如下：应叫斯台曼，开叫人答叫 2◇否认四张高花后，应叫人再叫自己的四张高花套，而不是五张高花套。应叫人的叫牌阶数表示自己的相应牌力。

• 二阶表示 8 ～ 9 点。

• 三阶表示 10⁺ 点。

例 1		例 2		例 3		例 4	
北	南	北	南	北	南	北	南
1NT	2♣	1NT	2♣	1NT	2♣	1NT	2♣
2◇	2♠	2◇	3♠	2◇	2♡	2◇	3♡

例 1：2♠表示四张黑桃，五张红心以及 8 ～ 9 点，邀请实力。

例 2：3♠表示四张黑桃，五张红心以及 10⁺ 点，逼叫进局或者更强的实力。

例 3：2♡表示四张红心，五张黑桃以及 8 ～ 9 点，邀请实力。

例 4：3♡表示四张红心，五张黑桃以及 10⁺点，逼叫进局或者更强的实力。

争叫 1NT 后同样可以使用这个约定叫，甚至在开叫 2NT 后也可以使用，当然，此时你必须有成局的实力。

三阶斯莫伦之后，无将开叫人必须决定主打同伴的长套还是 3NT。最终的决定取决于他在同伴的长套是否有三张支持。如果有三张，他应该再叫 4♡/4♠。

二阶斯莫伦之后，无将开叫人面临两个选择：主打花色还是无将定约，成局还是部分定约。

主打花色还是无将定约取决于他在同伴的花色中是否有三张。如果有三张支持，他就再叫同伴的五张套（4♡/4♠）。如果没有三张，他多半会再叫无将。

开叫人的第二个决定是叫牌的阶数。这取决于他的开叫实力。如果持 15 点，他将停在部分定约——2NT 或 3♡/3♠；如果持 16 ～ 17 点，他就要进局——3NT 或 4♡/4♠。

备注：

• 有些牌手选择使用三阶斯莫伦，表示逼叫进局或者更强的实力，而不使用二阶表示邀叫实力的斯莫伦。你与同伴约定是否使用邀叫性斯莫伦。

• 如果使用邀请斯莫伦，那么持弱牌你就不能使用斯台曼。如果持 8 点以下不够邀叫时：

　　○ 持 4 — 4 高花，你不要叫；

　　○ 持一门四张高花以及另外一门五张高花，你必须转移至自己的五张高花。

• 使用三阶斯莫伦并且开叫人再叫 3NT 后：

　　○ 应叫人再叫 4NT 是示量邀叫（邀请开叫人持高限牌力叫满贯）；

　　○ 应叫人再叫 4♣ 是戈伯问叫（除非你决定使用补充要点中的第一个约定）。

• 使用弱无将开叫同样可以使用斯莫伦，但你需要相应地调整点力范围。

补充要点

如果使用德克萨斯转移叫，那么你有两种方式可以将其与斯莫伦结合使用。

方案1：描述有满贯兴趣的牌。

它的用法如下所示：

例 5		例 6		例 7		例 8	
北	南	北	南	北	南	北	南
1NT	2♣	1NT	2♣	1NT	2♣	1NT	2♣
2♦	4♦	2♦	3♠	2♦	4♥	2♦	3♥
4♥		3NT	4♣/♦/♠		4♠	3NT	4♣/♦/♥

例5：应叫人满足于红心成局定约，于是他的第二个叫品是4♦——德克萨斯转移叫。（转移叫之后，应叫人再叫4NT是以红心为将牌的黑木问叫。）

例6：由于开叫人已经否认了三张红心，应叫人再叫4♣、4♦或4♠都是扣叫，并且暗示有红心的满贯兴趣。随后开叫人可以扣叫第一轮控制或者使用黑木问叫。

这种叫牌方式对应叫人持黑桃长套时同样适用。

例7：应叫人满足于黑桃成局定约，于是他的第二个叫品是4♥——德克萨斯转移叫。（转移叫之后，应叫人再叫4NT是以黑桃为将牌的黑木问叫。）

例8：由于开叫人已经否认了三张黑桃，应叫人再叫4♣、4♦或4♥都是扣叫，并且暗示有黑桃的满贯兴趣。随后开叫人扣叫第一轮控制或者使用黑木问叫。

方案 2：表示 6 − 4 高花的邀请实力。

例 9			例 10	
北	南		北	南
1NT	2♣		1NT	2♣
2♢	2♠		2♢	2♡
3NT	4♢		3NT	4♡
4♡			4♠	

例 9：由于开叫人已经否认了三张红心，应叫人再叫 4♢ 作为德克萨斯转移叫的变种，要求同伴再叫 4♡，表示六张以上红心的邀请实力。

例 10：由于开叫人已经否认了三张黑桃，应叫人再叫 4♡ 作为德克萨斯转移叫的变种，要求同伴再叫 4♠，表示六张以上黑桃的邀请实力。

方案 3：使用三阶逼叫性斯莫伦，表示四张红心以及五张黑桃之后：

例 11			例 12	
北	南		北	南
1NT	2♣		1NT	2♣
2♢	3♡		2♢	3♡
4♠			3♠	

• 再叫 4♠（例 11）表示三张黑桃以及低限牌力。

• 再叫 3♠（例 12）表示三张黑桃以及高限牌力。通常来说，开叫人在红心和黑桃上有弥补的大牌，而在低花上持有 A 或者 K，而不是 Q 或者 J。

开叫人再叫 3♠ 之后，南家可以：

• 如果应叫有额外实力（无论是大牌点还是赢墩能力），通过扣叫显示控制；

• 再叫 4♠ 表示低限牌力。

牌例 1 双方无局

北发牌

♠ A 10 6
♡ K 7 3
♦ A Q 6 5
♣ Q 8 7

♠ 9 5　　　　　　　　　　♠ Q 7 2
♡ Q J 8　　　　　　　　　♡ 9 6 4
♦ K 10 8 7　　　　　　　♦ 9 4 3 2
♣ K 10 9 5　　　　　　　♣ A J 3

♠ K J 8 4 3
♡ A 10 5 2
♦ J
♣ 6 4 2

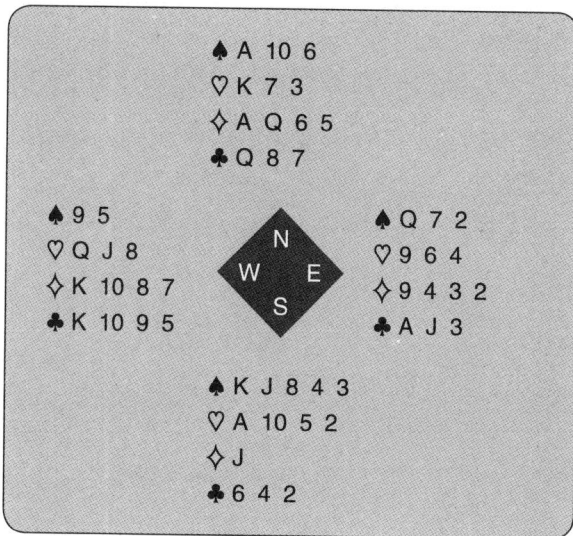

西	北	东	南
	1NT	不叫	2♣
不叫	2♦	不叫	2♡
不叫	2♠	全不叫	

2♣＝斯台曼，承诺8⁺点牌力，询问同伴是否有四张高花。

2♦＝"不，我没有四张高花。"

2♡＝邀请斯莫伦，表示四张红心以及五张以上黑桃，8～9点。

2♠＝"我有三张黑桃，所以希望以此为将牌，但我没有成局的实力。"

牌例 2 南北有局

东发牌

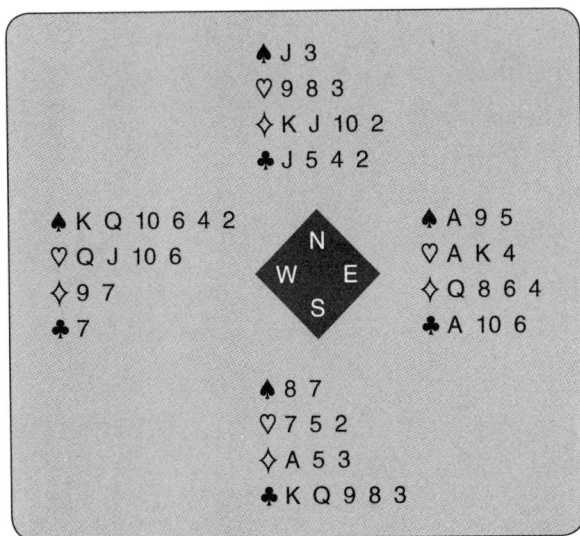

	♠ J 3	
	♡ 9 8 3	
	◇ K J 10 2	
	♣ J 5 4 2	

♠ K Q 10 6 4 2　　　　　　♠ A 9 5
♡ Q J 10 6　　　　　　　　♡ A K 4
◇ 9 7　　　　　　　　　　　◇ Q 8 6 4
♣ 7　　　　　　　　　　　　♣ A 10 6

	♠ 8 7	
	♡ 7 5 2	
	◇ A 5 3	
	♣ K Q 9 8 3	

西	北	东	南
		1NT	不叫
2♣	不叫	2◇	不叫
2♡	不叫	4♠	全不叫

2♣＝斯台曼，承诺 8$^+$点牌力，询问同伴是否有四张高花。

2◇＝"不，我没有四张高花。"

2♡＝我有四张红心以及五张以上黑桃，8 ~ 9 点。

4♠＝我有三张黑桃，并且是开叫的高限牌力。

牌例 3 东西有局

南发牌

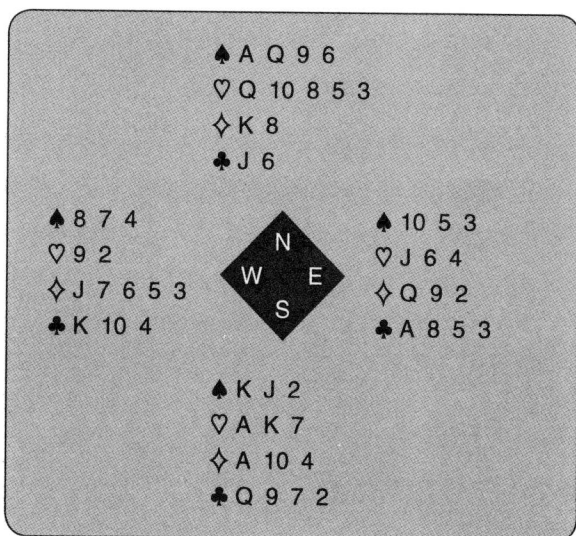

西	北	东	南
			1NT
不叫	2♣	不叫	2◇
不叫	3♠	不叫	4♡
全不叫			

2♣=斯台曼，承诺 8 $^+$ 点牌力，询问同伴是否有四张高花。

2◇="不，我没有四张高花。"

3♠=我有四张黑桃以及五张以上红心，逼叫进局的实力。

4♡=我有三张红心，让我们主打红心定约。

牌例 4 双方有局

西发牌

```
                    ♠ 10 5
                    ♡ 7 2
                    ♢ K Q 9 5
                    ♣ Q J 10 6 5

    ♠ K 8                           ♠ A 9 7 6 3
    ♡ A 6 4              N          ♡ K Q 8 5
    ♢ J 10 8 3       W     E        ♢ 7 2
    ♣ A K 7 4           S          ♣ 8 3

                    ♠ Q J 4 2
                    ♡ J 10 9 3
                    ♢ A 6 4
                    ♣ 9 2
```

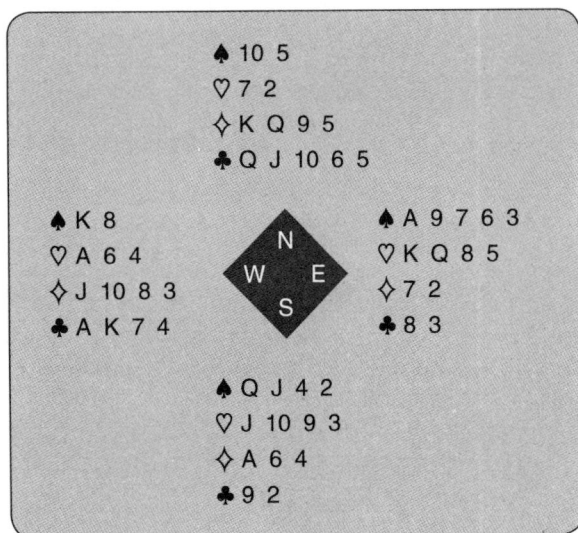

西	北	东	南
1NT	不叫	2♣	不叫
2♢	不叫	2♡	不叫
2NT	全不叫		

2♣＝斯台曼，承诺 8$^+$点牌力，询问同伴是否有四张高花。

2♢＝"不，我没有四张高花。"

2♡＝邀请斯莫伦，表示有四张红心以及五张以上黑桃，8～9点。

2NT ＝我对黑桃没有配合，而且是开叫的低限牌力。

牌例 5 南北有局

北发牌

```
                    ♠ 8 6 4
                    ♡ K 8 3
                    ◇ A J 4 2
                    ♣ A K 3

    ♠ Q 3                          ♠ K 10 9 5
    ♡ J 10 2          N            ♡ 7 6
    ◇ K 9 8 5      W     E         ◇ Q 10 6 3
    ♣ J 10 8 4        S            ♣ Q 9 5

                    ♠ A J 7 2
                    ♡ A Q 9 5 4
                    ◇ 7
                    ♣ 7 6 2
```

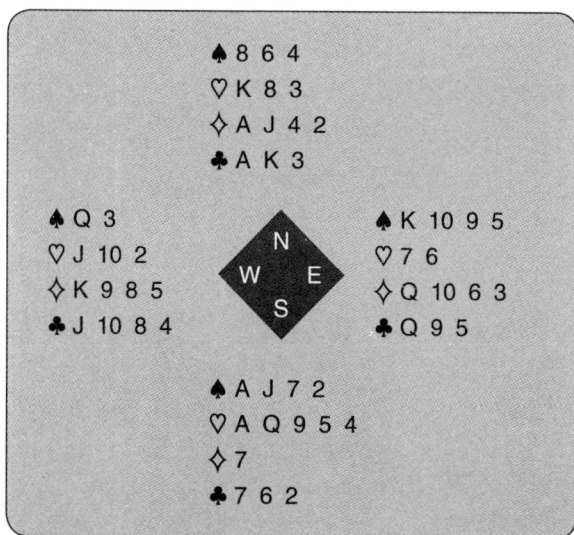

西	北	东	南
	1NT	不叫	2♣
不叫	2◇	不叫	3♠
不叫	4♡	全不叫	

2♣ = 斯台曼，承诺 8$^+$点牌力，询问同伴是否有四张高花。

2◇ = "不，我没有四张高花。"

3♠ = 逼叫斯莫伦，表示有四张黑桃以及五张以上红心，10$^+$点牌力。

4♡ = 我有三张红心。

71

牌例 6 东西有局

东发牌

```
                    ♠ A Q 8 2
                    ♡ 10 6 5
                    ♢ K 3
                    ♣ J 10 9 7

♠ K J 10 6 4              ♠ 7 3
♡ Q 9 8 4         N       ♡ A K 2
♢ 9 4           W   E     ♢ A Q 7 6 5
♣ A 2             S       ♣ Q 4 3

                    ♠ 9 5
                    ♡ J 7 3
                    ♢ J 10 8 2
                    ♣ K 8 6 5
```

西	北	东	南
		1NT	不叫
2♣	不叫	2♢	不叫
3♡	不叫	3NT	全不叫

2♣＝斯台曼，保证 8$^+$点牌力，询问同伴是否有四张高花。

2♢＝"不，我没有四张高花。"

3♡＝我有四张红心以及五张以上黑桃，逼叫进局的实力。

3NT ＝我没有三张黑桃。

牌例 7 双方有局

南发牌

```
                    ♠ Q 7 6 5
                    ♡ A K 8 6 4 2
                    ◇ 3
                    ♣ 8 2

    ♠ 8 4 3              N           ♠ J 10
    ♡ 7 5            W       E       ♡ J 10 9
    ◇ Q 7 4              S           ◇ K J 9 6 2
    ♣ K 10 9 6 3                     ♣ Q J 4

                    ♠ A K 9 2
                    ♡ Q 3
                    ◇ A 10 8 5
                    ♣ A 7 5
```

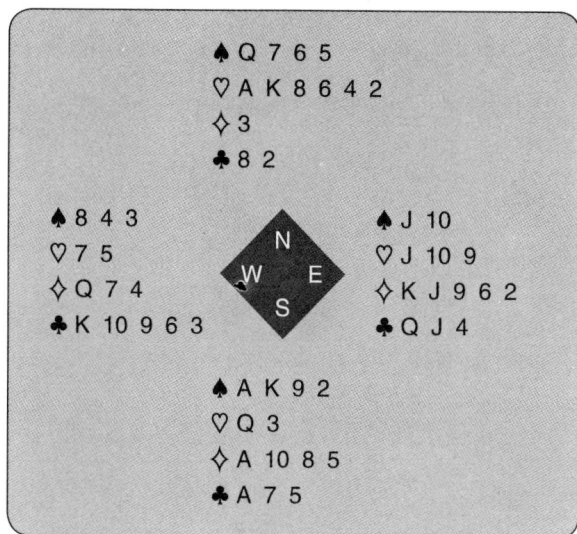

西	北	东	南
			1NT
不叫	2♣	不叫	2♠
不叫	4♠	全不叫	

2♣＝斯台曼，承诺 8⁺点牌力，询问同伴是否有四张高花。

2♠＝"是的，我有四张黑桃。"

4♠＝"我想打黑桃成局定约。"

注意：这手牌 4♠定约有 13 墩，因为南家可以用红心长套垫掉暗手的低花输墩（黑桃和红心都是 3－2 分布）。而 4♡定约只有 12 墩，因为没有长套可以垫掉梅花输墩。

牌例 8 双方无局

西发牌

```
                    ♠ 6 4 2
                    ♡ 9 6 4
                    ♢ Q 4 3
                    ♣ Q 10 5 3

    ♠ 7 3                          ♠ K J 9 5
    ♡ K 5 3           N            ♡ A Q J 8 2
    ♢ A J 10 5    W       E        ♢ 7 6
    ♣ A K J 2         S            ♣ 9 4

                    ♠ A Q 10 8
                    ♡ 10 7
                    ♢ K 9 8 2
                    ♣ 8 7 6
```

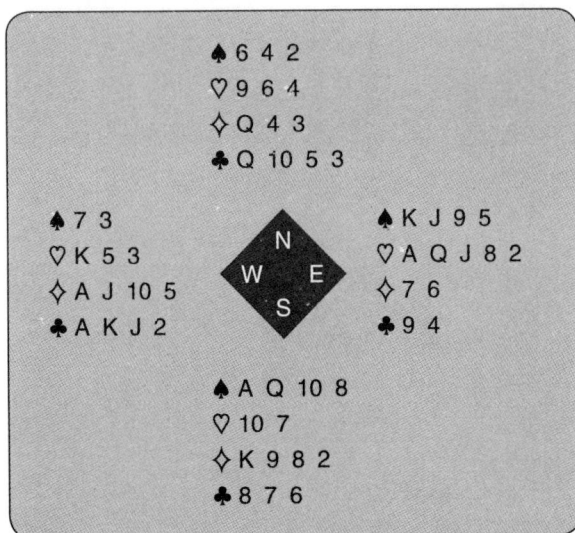

西	北	东	南
1NT	不叫	2♣	不叫
2♢	不叫	3♠	不叫
4♡	全不叫		

2♣＝斯台曼，承诺 8$^+$点牌力，询问同伴是否有四张高花。

2♢＝"不，我没有四张高花。"

3♠＝我有四张黑桃以及五张以上红心，逼叫进局的实力。

4♡＝我有三张红心并且是开叫的低限牌力。

牌例 9 东西有局

北发牌

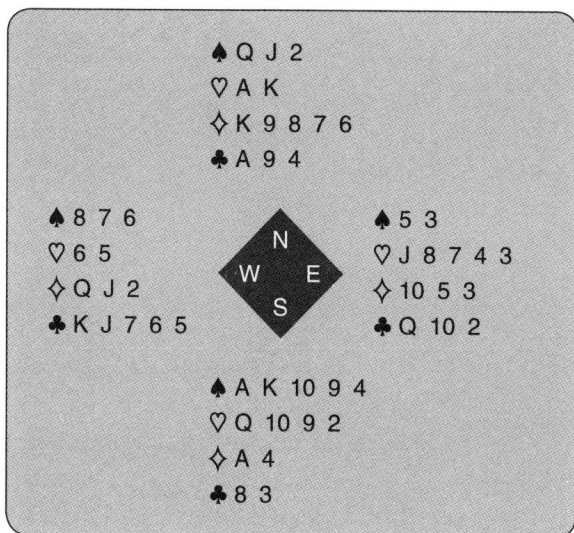

	♠ Q J 2		
	♡ A K		
	♢ K 9 8 7 6		
	♣ A 9 4		

西方:
♠ 8 7 6
♡ 6 5
♢ Q J 2
♣ K J 7 6 5

东方:
♠ 5 3
♡ J 8 7 4 3
♢ 10 5 3
♣ Q 10 2

南方:
♠ A K 10 9 4
♡ Q 10 9 2
♢ A 4
♣ 8 3

西	北	东	南
	1NT	不叫	2♣
不叫	2♢	不叫	3♡
不叫	3♠	不叫	4♢
不叫	4♡	不叫	4♠
不叫	4NT	不叫	5♡
不叫	6♠	全不叫	

2♣=斯台曼，保证承诺 8$^+$点牌力，询问同伴是否有四张高花。

2♢="不，我没有四张高花。"

3♡=逼叫斯莫伦，表示有四张红心以及五张以上黑桃，逼叫进局的实力。

3♠=我有三张黑桃并且我很喜欢自己的牌。

4 ♢＝我有 ♢ A。

4 ♡＝我有 ♡ A。

4 ♠＝成局线之下我已经没有 A 可以扣叫了，而且我的牌不适合使用黑木问叫。

4NT ＝黑木问叫，你有几个 A？

5 ♡＝两个 A。

6 ♠＝我认为联手可以完成满贯。

牌例 10 双方有局

东发牌

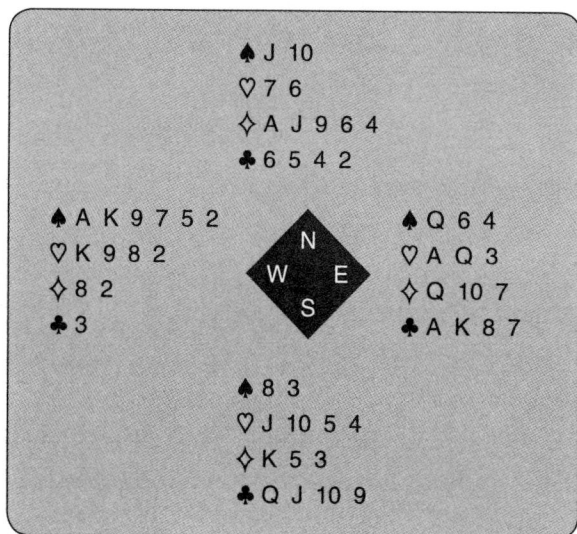

```
                    ♠ J 10
                    ♡ 7 6
                    ◇ A J 9 6 4
                    ♣ 6 5 4 2

  ♠ A K 9 7 5 2          N          ♠ Q 6 4
  ♡ K 9 8 2         W    ◆    E      ♡ A Q 3
  ◇ 8 2                  S          ◇ Q 10 7
  ♣ 3                               ♣ A K 8 7

                    ♠ 8 3
                    ♡ J 10 5 4
                    ◇ K 5 3
                    ♣ Q J 10 9
```

西	北	东	南
		1NT	不叫
2♣	不叫	2◇	不叫
4♡	不叫	4♠	全不叫

2♣＝斯台曼，承诺 8$^+$点牌力，询问同伴是否有四张高花。

2◇＝"不，我没有四张高花。"

4♡＝德克萨斯转移叫，表示六张以上黑桃，10$^+$点牌力。

4♠＝必须再叫 4♠。

牌例 11 双方无局

南发牌

♠ K Q 6 5 4 3
♡ Q J 5 4
♢ 6 2
♣ 10

♠ J 8
♡ 9 8 2
♢ J 9 4
♣ K J 9 6 2

♠ 10 9 2
♡ A 7 6
♢ A 10 7
♣ Q 8 5 3

♠ A 7
♡ K 10 3
♢ K Q 8 5 3
♣ A 7 4

西	北	东	南
			1NT
不叫	2♣	不叫	2♢
不叫	2♡	不叫	3NT
不叫	4♡	不叫	4♠
全不叫			

2♣ ＝斯台曼，承诺 8$^+$点牌力，询问同伴是否有四张高花。

2♢ ＝ "不，我没有四张高花。"

2♡ ＝邀叫斯莫伦，表示有四张红心以及五张以上黑桃，8 ～ 9 点。

3NT ＝我是高限牌力但没有三张黑桃。

4♡ ＝实际上我有六张黑桃，因而想打黑桃定约（南北方不可能有
红心配合，因而这是转移叫）。请再叫 4♠。

4♠ ＝必须再叫 4♠。

牌例 12 南北有局

西发牌

```
            ♠ 9 8 4 2
            ♡ 6 5
            ♢ J 10 4
            ♣ Q J 6 2

♠ K Q J              ♠ A 7 6 3
♡ A 9          N     ♡ K Q J 8 7 4
♢ A 9 7 5    W   E   ♢ 2
♣ K 9 5 4      S     ♣ A 7

            ♠ 10 5
            ♡ 10 3 2
            ♢ K Q 8 6 3
            ♣ 10 8 3
```

西	北	东	南
1NT	不叫	2♣	不叫
2♢	不叫	3♠	不叫
3NT	不叫	4♣	不叫
4NT	不叫	5♡	不叫
5NT	不叫	6♢	不叫
6♡	全不叫		

2♣＝斯台曼，承诺8⁺点牌力，询问同伴是否有四张高花。

2♢＝"不，我没有四张高花。"

3♠＝逼叫斯莫伦，表示有四张黑桃以及五张以上红心，逼叫进局的实力。

3NT＝我没有三张红心。

4♣＝我有六张红心。由于我选择了较慢的叫牌进程并且扣叫梅花的第一轮控制，因而我在进行满贯试探。

4NT＝以红心为将牌试探满贯，我很喜欢自己的牌。你有几个 A？

5♡＝两个 A。

5NT＝你有几个 K？

6♢＝一个 K。

6♡＝我认为联手可以完成满贯。（如果使用关键张问叫，你就知道东家有♡KQ，从而联手得以叫到 7♡。）

四花色转移叫

四花色转移叫是一个约定叫，使你在同伴开叫或争叫 1NT 后转移至自己的六张以上低花套。敌方争叫后不能使用这个约定叫，但在敌方加倍 NT 或者争叫约定性的 2♣ 后可以继续使用。

开叫 1NT 后这个约定叫的用法如下：

• 应叫人应叫 2♠，要求同伴再叫梅花；

• 应叫人应叫 2NT，要求同伴再叫方块。

应叫人可能持弱牌，邀请实力或者有满贯兴趣的牌。让我们通过牌例加以说明。

你可能持下列牌应叫 2♠：

♠ 763   ♡ 85   ♢ 62   ♣ Q98643

弱牌，只是希望回避无将定约。以梅花为将牌开叫人可以得到很多赢墩。

♠ 763   ♡ 85   ♢ 62   ♣ AQJ643

邀请实力。如果开叫人梅花有配合或者有 ♣K，应叫人就可以提供六个赢墩。这对于只需九墩牌的 3NT 来说是一个巨大的帮助。如果梅花有配合，我们愿意进局。

♠ 7   ♡ A75   ♢ K2   ♣ AQ98643

试探满贯的牌力。如果开叫人梅花有配合或者有 ♣K，应叫人完全可以预见到满贯（无论是梅花还是无将定约）。如果没有配合，应叫人的牌值就要降低。

你可能持下列牌应叫 2NT：

♠ 763   ♡ 85   ♢ J98542   ♣ 32

弱牌。只是希望回避无将定约。以方块为将牌开叫人可以得到很多赢墩。

♠ 73   ♡ 85   ♢ KQJ7542   ♣ 43

邀请实力。如果开叫人方块有配合或者有 ♢A，应叫人就可以提供六墩或者七墩。这对于只需九墩的 3NT 来说是一个巨大的帮助。如果方块有配合，我们愿意进局。

♠7　♡A5　♢KQ98652　♣KQ3

试探满贯的牌力。如果开叫人方块有配合或者有♢A，应叫人完全可以预见到满贯（无论是方块还是无将定约）。如果没有配合，应叫人的牌值就要降低。

开叫人并不清楚应叫人持哪一手牌，而仅仅知道他有低花长套。开叫人可以告诉同伴自己是否"喜欢"这门花色。通过直接接受转移或者再叫应叫人的转移叫与实际花色之间的叫品，开叫人表达了自己的意愿。

例1　　　　例2

北　　南　　北　　南

1NT　2♠　　1NT　2♠

3♣　　　　　2NT

例1：梅花是应叫人转移叫所表示的长套。开叫人简单接受转移，表示没有♣A，♣K或♣Q，也没有三张以上配合。

例2：2NT是应叫人的转移叫与实际所持长套花色之间的叫品。这样的叫法表示开叫人有三张以上支持或至少有一个梅花大牌（♣A，♣K或♣Q）。

	2♠转移叫后应叫人的再叫	
应叫人持牌	开叫人再叫2NT（喜欢梅花）	开叫人再叫3♣（不喜欢梅花）
弱牌	再叫3♣	不叫
邀请实力	再叫3NT	不叫
试探满贯实力	试探满贯	再叫3NT或者4NT

例 3   例 4

北   南   北   南

1NT 2NT   1NT 2NT

3♦   3♣

例 3：方块是应叫人转移叫所表示的长套。开叫人简单接受转移，表示没有♦A，♦K 或♦Q，也没有三张以上配合。

例 4：3♣是应叫人的转移叫与实际所持长套花色之间的叫品。这样的叫法表示开叫人有三张以上方块或者至少一个方块大牌（♦A，♦K 或♦Q）。

应叫人的再叫取决于开叫人的第二个叫品，以及自己持牌的实际情况。

	2NT 转移叫后应叫人的再叫	
应叫人持牌	开叫人再叫 3♣（喜欢方块）	开叫人叫 3♦（不喜欢方块）
弱牌	再叫 3♦	不叫
邀请实力	再叫 3NT	不叫
试探满贯实力	试探满贯	再叫 3NT 或 4NT

如果应叫人的再叫是不叫，3NT 或 3♣/3♦（他所持的低花），开叫人应该不叫——尊重同伴的选择。

如果应叫人有试探满贯的实力，此时有多种方式显示满贯兴趣。

应叫人第一个叫品	应叫人有试探满贯实力的再叫	
	开叫人再叫	应叫人第二个叫品
2♠转移至梅花	叫 3♣（不喜欢梅花）	4♣—自然叫 4NT—示量邀叫 3♦/3♡/3♠—扣叫显示 A

2♠转移至梅花	叫 2NT （喜欢梅花）	4♣——自然叫 4NT——黑木问叫 3♢/3♡/3♠——扣叫显示 A
2NT 转移至方块	叫 3♢ （不喜欢方块）	4♢——自然叫 4NT——示量邀叫 4♣/3♡/3♠——扣叫显示 A
2NT 转移至方块	叫 3♣ （喜欢方块）	4♢——自然叫 4NT——黑木问叫 4♣/3♡/3♠——扣叫显示 A

• 应叫人在四阶再叫自己的初始长套，要求开叫人扣叫 A。

• 如果开叫人表示"喜欢"应叫人的长套，应叫人再叫 4NT 是黑木问叫，或者关键张黑木问叫。

• 如果开叫人表示"不喜欢"应叫人的长套，应叫人再叫 4NT 是示量邀叫。开叫人接受邀叫就叫 6NT；反之就不叫。接受邀叫开叫人需要持高限牌力，或者有一门花色可以作为赢墩来源。

• 应叫人再叫新花色是扣叫这门花色的第一轮控制（A），并且要求同伴有 A 的情况下扣叫。

现在是坏消息。我们来看损失了什么？你失去了持均型牌邀叫的 2NT 叫品。为了弥补这个缺陷，你需要首先应叫 2♣（斯台曼），随后再叫 2NT。这就改变了斯台曼的初始用法。

截至目前，应叫人在下列叫牌进程中承诺四张黑桃（否则没有理由应叫斯台曼）：

北	南		北	南
1NT	2♣		1NT	2♣
2♡	2NT		2♡	3NT

邀请实力并且有四张黑桃　　逼叫进局实力并且有 4 张黑桃

使用四花色转移叫之后，如果持四张黑桃以及邀叫实力，你必须采用如下叫法：

北	南
1NT	2♣
2♡	2♠

否则你就无法显示有邀叫实力并且有四张黑桃的均型牌。如果持四张黑桃以及逼叫进局的实力，叫牌进程没有任何改变。

这可能是四花色转移叫引发的最棘手问题。记忆这个约定叫并不困难，但对斯台曼的影响令人有不适应的感觉。也许使用几次之后你就对此习以为常了。请保持耐心。现在你已经具备了同伴开叫 1NT 后显示低花长套的叫牌手段，为此感到些许不适也是非常值得的！

牌例 1 双方无局

北发牌

```
                    ♠ A 10 6
                    ♡ K Q 7 3
                    ♢ A Q 6 5
                    ♣ 8 7

♠ J 9 7 5              N            ♠ K 8 2
♡ J 10 8         W         E        ♡ A 9 6 4
♢ K 8 7              S            ♢ 9 4 3 2
♣ Q 9 5                            ♣ A 3

                    ♠ Q 4 3
                    ♡ 5 2
                    ♢ J 10
                    ♣ K J 10 6 4 2
```

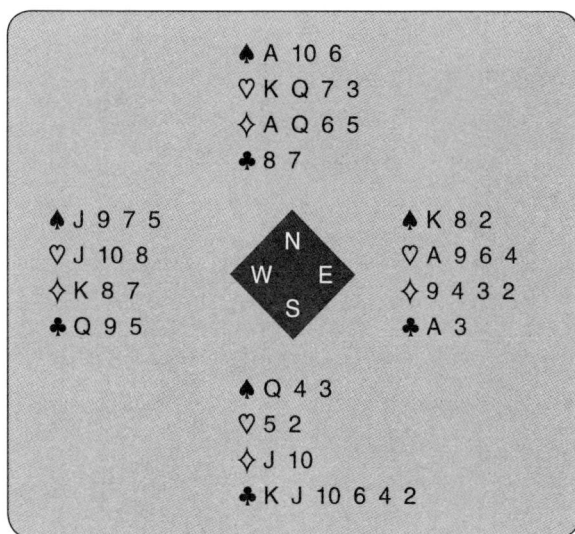

西	北	东	南
	1NT	不叫	2♠
不叫	3♣	全不叫	

2♠=四花色转移叫，转移至梅花。

3♣=我没有♣A, ♣K或♣Q，也没有三张以上梅花。"我不喜欢梅花。"

不叫=我（南家）只想打 3♣。

牌例 2 南北有局

东发牌

```
                    ♠ 8 7 6 4 3
                    ♡ A 5 4
                    ♢ K 7 4
                    ♣ 9 3

   ♠ Q 5                            ♠ A J 9 2
   ♡ 7 6              N             ♡ Q J 3
   ♢ 10 6 3        W   E           ♢ A Q 8 5
   ♣ A Q J 10 8 2     S             ♣ K 7

                    ♠ K 10
                    ♡ K 10 9 8 2
                    ♢ J 9 2
                    ♣ 6 5 4
```

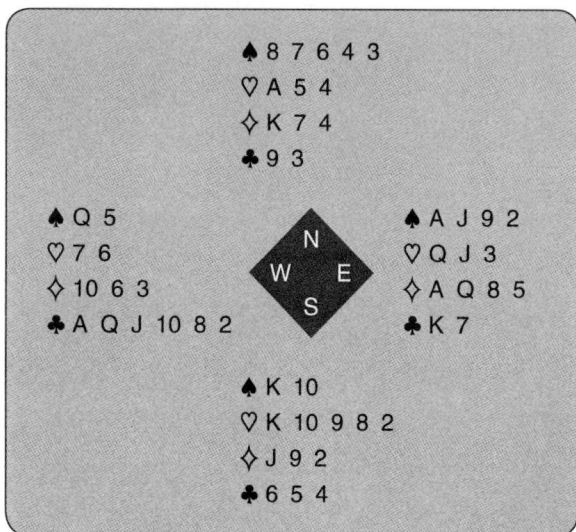

西	北	东	南
		1NT	不叫
2♠	不叫	2NT	不叫
3NT	全不叫		

2♠＝四花色转移叫，转移至梅花。

2NT ＝我有至少三张梅花或者有♣A，♣K 或♣Q 中的至少一张。"我
喜欢梅花。"

3NT ＝基于你喜欢梅花，我认为有充足的赢墩完成 3NT。

牌例 3 东西有局

南发牌

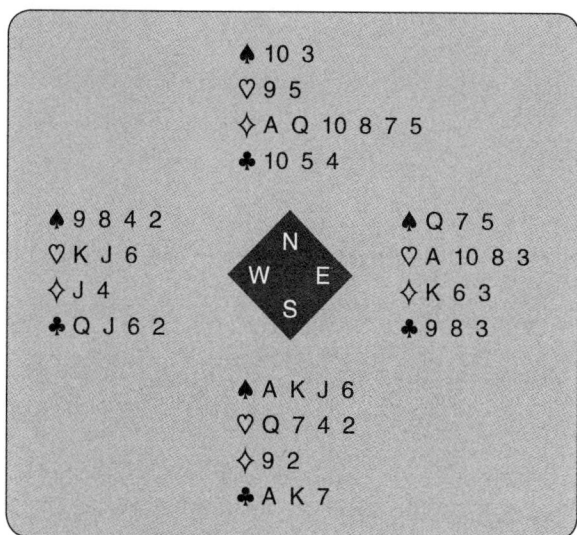

```
              ♠ 10 3
              ♡ 9 5
              ◇ A Q 10 8 7 5
              ♣ 10 5 4

♠ 9 8 4 2          N          ♠ Q 7 5
♡ K J 6        W       E      ♡ A 10 8 3
◇ J 4              S          ◇ K 6 3
♣ Q J 6 2                     ♣ 9 8 3

              ♠ A K J 6
              ♡ Q 7 4 2
              ◇ 9 2
              ♣ A K 7
```

西	北	东	南
			1NT
不叫	2NT	不叫	3◇
全不叫			

2NT＝四花色转移叫，转移至方块。

3◇＝我没有◇A，◇K或◇Q，也没有三张以上方块。"我不喜欢方块。"

不叫＝如果有方块配合，我（北家）愿意进局。现在我只愿意打方块部分定约。

牌例 4 双方有局

西发牌

```
                    ♠ J 10 7 5
                    ♡ K J 6 4 3
                    ♢ 3
                    ♣ 9 7 5

   ♠ K 4 2              N              ♠ 8 6
   ♡ A 9 5          W       E          ♡ 8 7
   ♢ K J 7              S              ♢ A Q 6 5 4 2
   ♣ A Q 6 2                           ♣ J 4 3

                    ♠ A Q 9 3
                    ♡ Q 10 2
                    ♢ 10 9 8
                    ♣ K 10 8
```

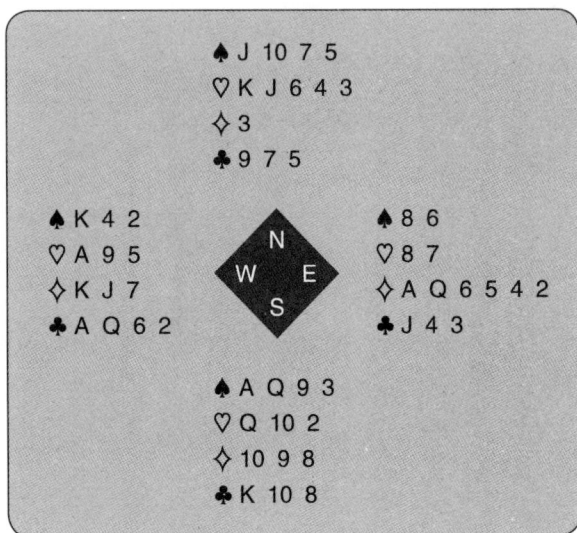

西	北	东	南
1NT	不叫	2NT	不叫
3♣	不叫	3NT	全不叫

2NT ＝四花色转移叫，转移至方块。

3♣＝我有至少三张方块或者有♢A，♢K 或♢Q 中的至少一张。"我喜欢方块。"

3NT ＝基于你喜欢方块，我认为联手可以打成 3NT。

牌例 5 南北有局

北发牌

```
                    ♠ K 8 3
                    ♡ A 9 6 4
                    ♢ J 10 8
                    ♣ A K 4

♠ J 10 7 4 2            N            ♠ Q 5
♡ K Q 10 3          W     E          ♡ 7 2
♢ A 4                   S            ♢ K 9 5
♣ 3 2                                ♣ J 10 9 7 6 5

                    ♠ A 9 6
                    ♡ J 8 5
                    ♢ Q 7 6 3 2
                    ♣ Q 8
```

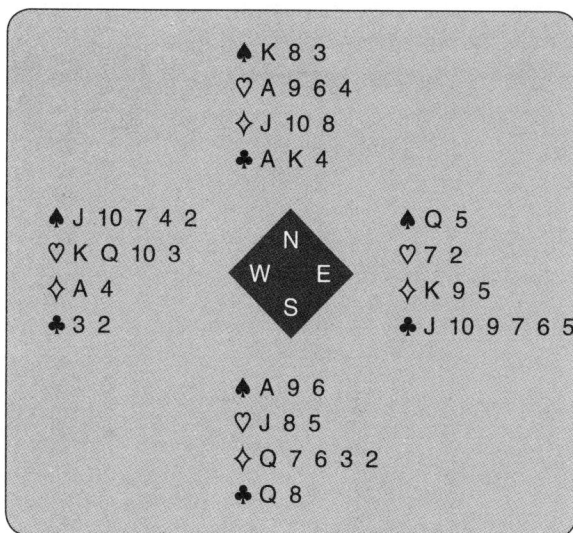

西	北	东	南
	1NT	不叫	2♣
不叫	2♡	不叫	2NT
全不叫			

2♣＝斯台曼。通常我（南家）应该有四张高花，但本例是特殊情况。如果开叫人是高限牌力，我希望邀叫 3NT。由于 2NT 是四花色转移叫，也就是转移至方块，因而必须通过斯台曼才能表示邀叫。直到我的第二次叫牌，开叫人才能知道我并没有高花套。

2♡＝我有四张红心。

2NT＝我持均型牌有邀叫实力。我并没有四张黑桃。记住，如果有四张黑桃，我会再叫 2♠而不是 2NT。

不叫＝我持低限牌力。

牌例 6 东西有局

东发牌

```
                    ♠ 9 5 4
                    ♡ 7 6 5
                    ♢ A J 10 8
                    ♣ 9 5 3

    ♠ 8 3 2              N           ♠ A J 7
    ♡ Q 4          W         E       ♡ K 10 3 2
    ♢ 9 6                            ♢ K Q 5 3
    ♣ Q J 10 8 7 6       S           ♣ K 4

                    ♠ K Q 10 6
                    ♡ A J 9 8
                    ♢ 7 4 2
                    ♣ A 2
```

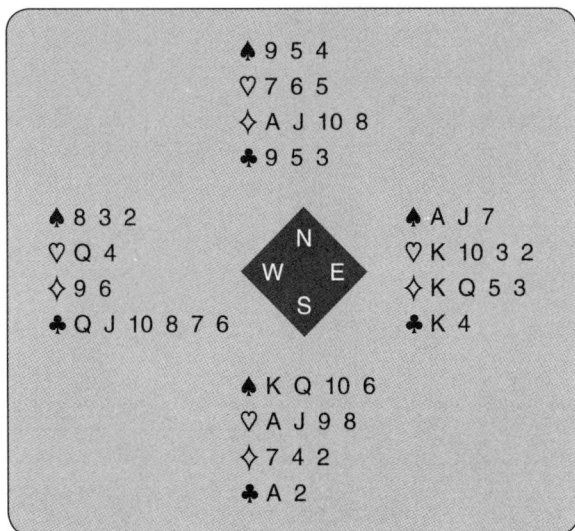

西	北	东	南
		1NT	不叫
2♠	不叫	2NT	不叫
3♣	全不叫		

2♠＝四花色转移叫，转移至梅花。

2NT ＝我喜欢梅花。

3♣＝我是弱牌，即使你喜欢梅花我也不会叫得更高。

牌例 7 双方有局

南发牌

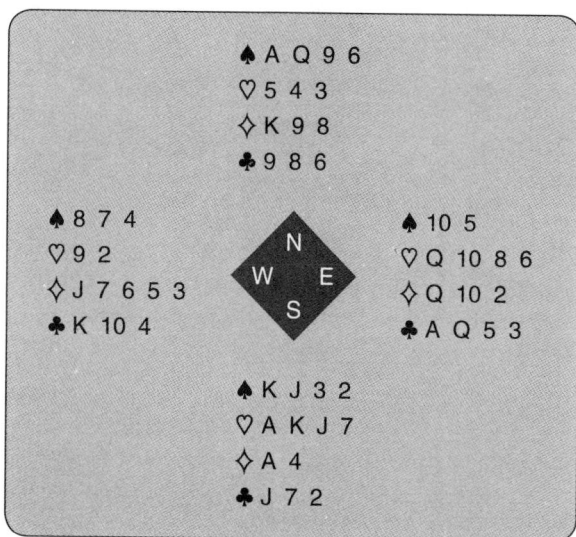

| ♠ A Q 9 6 |
| ♡ 5 4 3 |
| ◇ K 9 8 |
| ♣ 9 8 6 |

西	北	东	南
			1NT
不叫	2♣	不叫	2♡
不叫	2♠	不叫	4♠
全不叫			

2♣＝斯台曼，"同伴你是否有四张高花？"

2♡＝我有四张红心。

2♠＝我有四张黑桃而且是邀请实力（使用四花色转移叫之后，持四张黑桃以及邀叫实力，你必须首先应叫斯台曼，然后再叫四张黑桃）。

4♠＝让我们以黑桃定约成局。

牌例 8 双方无局

西发牌

```
                    ♠ K 10 5
                    ♡ A J 6 2
                    ◇ 7 6
                    ♣ A K J 5

    ♠ J 6              N          ♠ Q 9 8 4 2
    ♡ 9 8 4       W        E     ♡ K 10 7 3
    ◇ Q 4 3            S          ◇ K 2
    ♣ Q 10 8 7 3                  ♣ 9 6

                    ♠ A 7 3
                    ♡ Q 5
                    ◇ A J 10 9 8 5
                    ♣ 4 2
```

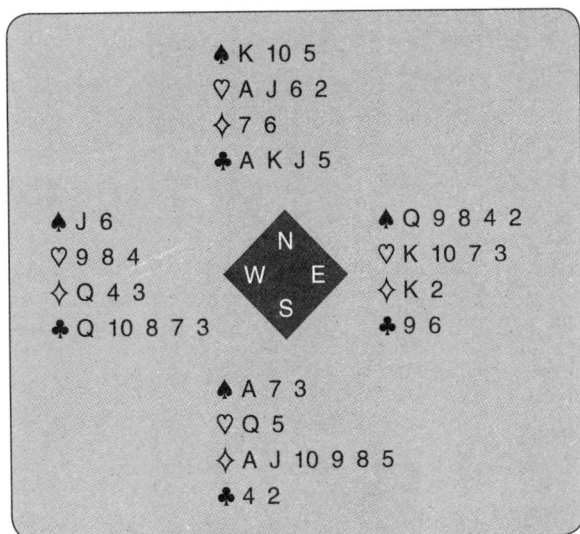

西	北	东	南
不叫	1NT	不叫	3NT
全不叫			

3NT＝我知道联手有成局的实力，而且不足以试探满贯。

南家没有必要转移至方块，因为他知道联手一定可以进局，而且成局是联手的极限。如果你知道最终定约是什么……直接叫到这个定约。

牌例 9 东西有局

北发牌

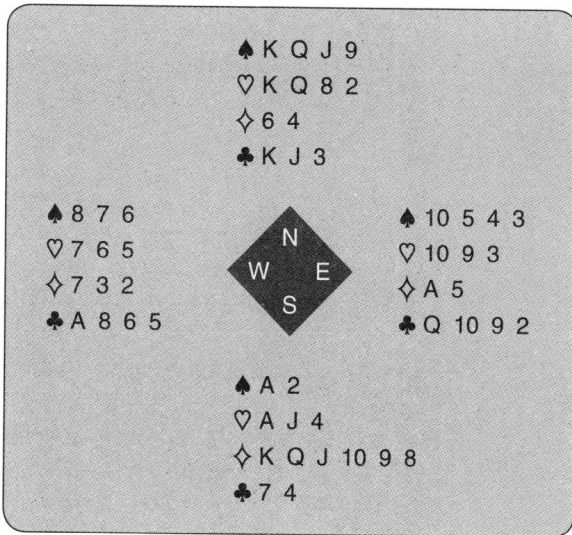

西	北	东	南
	1NT	不叫	2NT
不叫	3♦	不叫	3♡
不叫	3NT	全不叫	

2NT ＝四花色转移叫，转移至方块。

3♦＝我不喜欢方块。

3♡＝我有试探满贯的实力，而且有♡A。

3NT ＝我没有可以扣叫的 A，我真的不喜欢自己的牌。

牌例 10 双方有局

东发牌

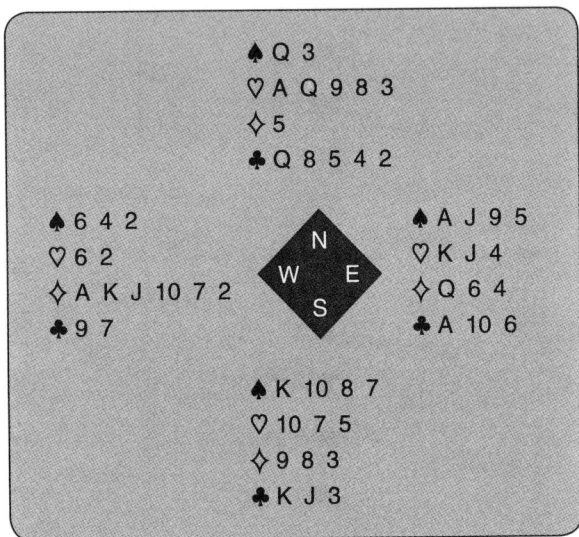

♠ Q 3
♡ A Q 9 8 3
♢ 5
♣ Q 8 5 4 2

♠ 6 4 2
♡ 6 2
♢ A K J 10 7 2
♣ 9 7

♠ A J 9 5
♡ K J 4
♢ Q 6 4
♣ A 10 6

♠ K 10 8 7
♡ 10 7 5
♢ 9 8 3
♣ K J 3

西	北	东	南
		1NT	不叫
2NT	不叫	3♣	不叫
3NT	全不叫		

2NT＝四花色转移叫，转移至方块。

3♣＝"我喜欢方块。"

3NT＝"基于你喜欢方块，我认为联手可以打成 3NT，因为我可以提供六墩。"

牌例 11 双方无局

南发牌

```
                    ♠ J 5 4
                    ♡ 10 4
                    ◇ 9 4
                    ♣ K 9 6 5 3 2

    ♠ 10 8 6 2              N        ♠ K 9
    ♡ A Q 6 5          W        E    ♡ J 9 8 3
    ◇ Q 3                  S        ◇ K J 8 6 2
    ♣ J 10 7                        ♣ Q 8

                    ♠ A Q 7 3
                    ♡ K 7 2
                    ◇ A 10 7 5
                    ♣ A 4
```

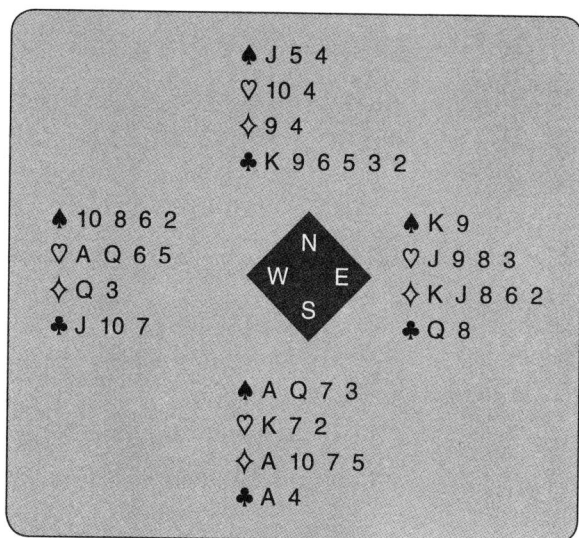

西	北	东	南
			1NT
不叫	2♠	不叫	2NT
不叫	3♣	全不叫	

2♠＝四花色转移叫，转移至梅花。

2NT＝"我喜欢梅花。"

3♣＝"无论你喜欢与否，我是一手弱牌，不希望叫得更高。"

牌例 12 南北有局

西发牌

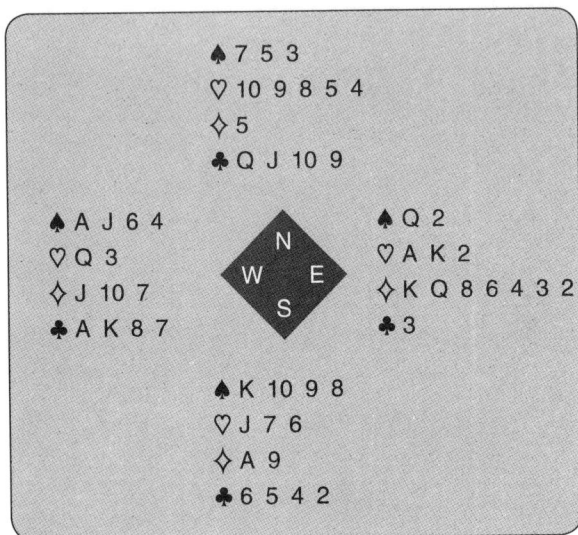

西	北	东	南
1NT	不叫	2NT	不叫
3♣	不叫	3♡	不叫
3♠	不叫	4NT	不叫
5♡	不叫	6♦	全不叫

2NT＝四花色转移叫，转移至方块。

3♣＝"我喜欢方块。我有◇A，◇K或◇Q之一，或者三张以上方块。"

3♡＝试探满贯而且我有♡A。

3♠＝我有♠A。

4NT＝"你有几个A？"

5♡＝我有两个A。

6◇＝让我们叫到方块满贯。

牌例 13 双方有局

北发牌

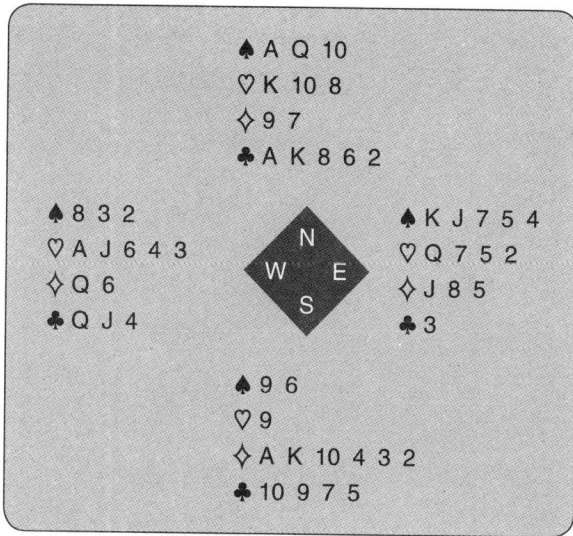

西	北	东	南
	1NT	不叫	2NT
不叫	3◇	全不叫	

2NT＝四花色转移叫，转移至方块。

3◇＝"我不喜欢方块。"

牌例 14 双方无局

东发牌

```
                    ♠ 7 4
                    ♡ 6 5 4 3 2
                    ♢ 7 3
                    ♣ 10 7 6 2

    ♠ 8                              ♠ Q J 10 9
    ♡ A 10 7          N             ♡ K Q J
    ♢ A K Q 8 5 2   W   E           ♢ 10 4
    ♣ A 5 4           S             ♣ K Q J 3

                    ♠ A K 6 5 3 2
                    ♡ 9 8
                    ♢ J 9 6
                    ♣ 9 8
```

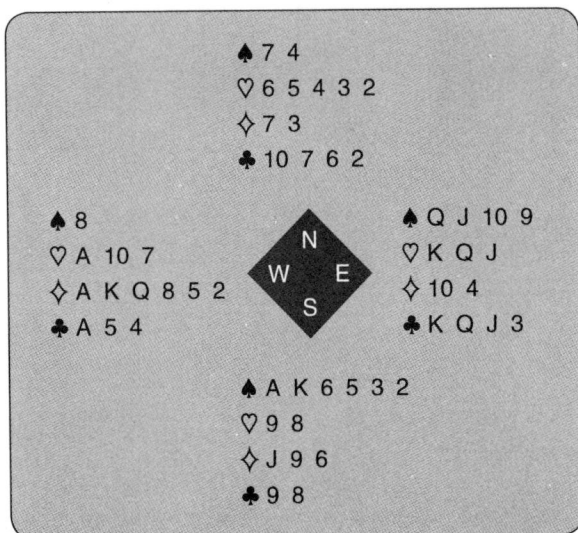

西	北	东	南
		1NT	不叫
2NT	不叫	3♢	不叫
3♡	不叫	3NT	不叫
6♢	全不叫		

2NT ＝四花色转移叫，转移至方块。

3♢＝"我不喜欢方块。"

3♡＝扣叫显示♡A，要求同伴扣叫。

3NT ＝"我没有 A 可供扣叫，我的牌也不适合打满贯。"

6♢＝"我认为 6♢是安全的定约。"

100

牌例 15 南北有局

南发牌

```
                    ♠ 9
                    ♡ K 8 3
                    ♢ A K J 10 7 5
                    ♣ A J 8

  ♠ J 10 4 2          N          ♠ Q 8 7 3
  ♡ 10 7 4 2       W     E       ♡ J 9
  ♢ Q 4               S          ♢ 9 6 2
  ♣ 10 9 5                       ♣ Q 6 3 2

                    ♠ A K 6 5
                    ♡ A Q 6 5
                    ♢ 8 3
                    ♣ K 7 4
```

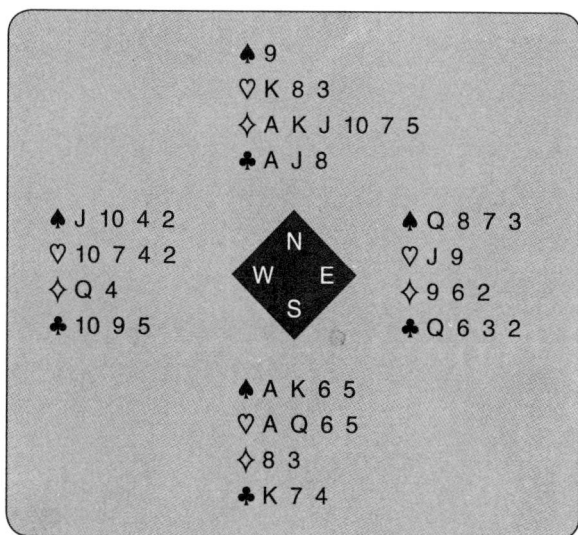

西	北	东	南
			1NT
不叫	2NT	不叫	3♢
不叫	4♣	不叫	4NT
不叫	5♡	不叫	5NT
不叫	6♡	不叫	6NT
全不叫			

2NT ＝四花色转移叫，转移至方块。

3♢＝"我不喜欢方块。"

4♣＝我持方块长套并且有满贯兴趣，而且我有♣A。

4NT ＝"我持非常好的牌，你有几个A？"

5 ♡＝两个 A。

5NT ＝"你有几个 K？"

6 ♡＝两个 K。

6NT ＝"基于你有六张以上方块，最终至少可以吃到五墩方块，我认为联手可以打成 6NT。"

牌例 16 东西有局

西发牌

```
                    ♠ A 10 5 4
                    ♡ Q 10 6
                    ♢ K 6 5
                    ♣ A 6 4

    ♠ 8 7                         ♠ K 9 3
    ♡ 7 2            N            ♡ A J 5 4
    ♢ 9 3         W     E         ♢ A J 10 8
    ♣ Q J 10 9 8 7 2   S          ♣ K 3

                    ♠ Q J 6 2
                    ♡ K 9 8 3
                    ♢ Q 7 4 2
                    ♣ 5
```

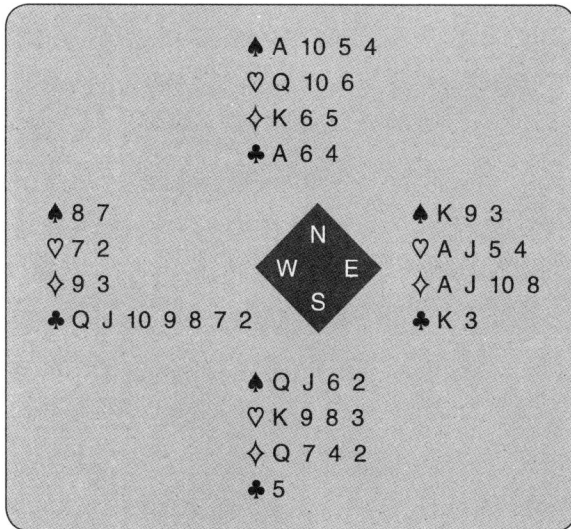

西	北	东	南
不叫	1♣	1NT	不叫
2♠	不叫	2NT	不叫
3♣	全不叫		

2♠＝四花色转移叫，转移至梅花。

2NT ＝我喜欢梅花。

3♣＝我是弱牌，只想打 3♣。

1NT 开叫后的三阶应叫

众所周知，牌手喜欢发现一些很难描述的特殊牌型，并发明相应的约定叫以解决这类问题。针对 1NT 开叫后的三阶应叫，我的选择是用 3♣，3♦，3♡以及 3♠表示九张以上低花的畸型牌。这类牌很难准确描述，尤其当你持弱牌（8 点以下），或者很强的牌（14^+点）——如果开叫人的牌与你配合极好，很可能有满贯。在本书中，为了描述方便，当你看到 1－3－4－5 牌型时，它的排列顺序是按照花色的级别。例如：1－3－4－5，表示一张黑桃，三张红心，四张方块和五张梅花。

开叫（或争叫）1NT 后，应叫人应叫：

•3♣：表示至少五张梅花和五张方块，以及 8 点以下牌力。有时候你会听到别人简称为"5－5 弱牌"。

•3♦：表示至少五张梅花和五张方块，逼叫进局的实力并且有满贯兴趣。有时候你会听到别人简称为"5－5 强牌"。

•3♡：表示 1－3－4－5 或者 1－3－5－4 牌型，逼叫进局的实力，而且有满贯兴趣。有时候你会听到别人简称为"碎片叫"。

•3♠：表示 3－1－4－5 或者 3－1－5－4 牌型，逼叫进局的实力，而且有满贯兴趣。有时候你会听到别人简称为"碎片叫"。

当应叫人使用 3♦，3♡或者 3♠时，他不可能仅有 10 点。确实，10 点牌力足以进局，但成局定约也是联手的极限，几乎不存在满贯的可能性。在这种情况下，应叫人应该以 3NT 简单成局。这三个叫品用来描述强牌，无论是基于大牌实力还是极好的牌型。应叫人认为，只要开叫人的牌与自己的持牌有极好的配合，满贯就会有很好的机会。

我们依次来看这些叫品的后续叫牌。在 3♣之后，开叫人面临两种选择：

•不叫：表示"我更愿意打梅花"；

•3♦：表示"我更愿意打方块"。

开叫人的选择主要依据在梅花和方块上，哪门花色有更多的张数。

在 3◇之后，开叫人面临三种选择：

• 3NT：表示想打 3NT，在同伴的两门低花中均没有良好配合；

• 4♣：表示梅花配合，而且有满贯兴趣；

• 4◇：表示方块配合，而且有满贯兴趣。

在 3♡之后，开叫人有四种选择：

• 3NT：表示想打 3NT，在同伴的两门低花中均没有良好配合；

• 4♣：表示梅花配合，而且有满贯兴趣；

• 4◇：表示方块配合，而且有满贯兴趣；

• 4♡：表示想打红心成局定约。

在 3♠之后，开叫人有四种选择：

• 3NT：表示想打 3NT，在同伴的两门低花中均没有良好配合；

• 4♣：表示梅花配合，而且有满贯兴趣；

• 4◇：表示方块配合，而且有满贯兴趣；

• 4♠：表示想打黑桃成局定约。

应叫 3♣之后，无论开叫人再叫什么，应叫人都应该不叫。

我们通过具体牌例来看开叫人与应叫人，在前两轮叫牌所传递的信息。

例 1		例 2		例 3	
北	南	北	南	北	南
1NT	3◇	1NT	3♡	1NT	3♠
4◇		4♣		3NT	

例 1：南家应叫 3◇表示至少五张梅花和五张方块，而且有满贯兴趣。北家再叫 4◇表示方块配合，同样有满贯兴趣。

例 2：南家应叫 3♡表示 1－3－4－5 或 1－3－5－4 牌型，

逼叫进局的实力而且有满贯兴趣。北家再叫 4♣ 表示梅花配合，同样有满贯兴趣。

例 3：南家应叫 3♠ 表示 3－1－4－5 或 3－1－5－4 牌型，逼叫进局的实力而且有满贯兴趣。北家再叫 3NT 否认对同伴的低花有配合，而且没有满贯兴趣。

例 4		例 5		例 6	
北	南	北	南	北	南
1NT	3♦	1NT	3♡	1NT	3♠
4♦	4♠	4♣	4NT	3NT	不叫

例 4：南家应叫 3♦ 表示至少五张梅花和五张方块，而且有满贯兴趣。北家再叫 4♦ 表示方块配合，同样有满贯兴趣。南家扣叫 4♠ 表示有♠ A，同时否认有♡ A，继续试探满贯。

例 5：南家应叫 3♡ 表示 1－3－4－5 或 1－3－5－4 牌型，逼叫进局的实力而且有满贯兴趣。北家再叫 4♣ 表示梅花配合，同样有满贯兴趣。南家再叫 4NT 是黑木问叫，询问开叫人有几个 A。

例 6：南家应叫 3♠ 表示 3－1－4－5 或 3－1－5－4 牌型，逼叫进局的实力而且有满贯兴趣。北家再叫 3NT 否认对同伴的低花有配合，而且没有满贯兴趣。南家不叫表示没有特别强的实力，在同伴没有良好配合的情况下无意于满贯。

应叫人应 3♦，3♡ 以及 3♠ 之后的第二个叫品，与开叫人的再叫紧密相关。叫牌的发展可能有多种方向：简单进局，试探低花满贯，试探无将满贯或者黑木问叫。后续变化太多，很难一一详述。以下是需要遵守的一般性准则：

• 任何时候再叫 3NT 都是想打 3NT；

• 开叫人在四阶显示低花配合并且有满贯兴趣之后，再叫任何新花色都是表示 A 的扣叫，以便试探满贯；

• 开叫人在四阶显示低花配合并且有满贯兴趣之后，再叫 4NT

是黑木问叫；

•如果开叫人表示愿意打四阶高花定约，除非应叫人有 15$^+$点牌力，否则他都应该不叫；

•任何时候再叫 3NT，应叫人都应该不叫，除非他有 15$^+$点牌力，仍然希望试探满贯；

•再叫 3NT 表示愿意以此为定约，应叫人再叫低花表示他愿意以这门花色为将牌试探满贯。

补充要点

以下是其他几种常见的处理方式：

（1）你与同伴可以约定：在 3 ◇ 表示 5 — 5 低花，逼叫进局的实力后，扣叫高花表示对相应低花的满贯兴趣。这样就会节省叫牌空间，以便更全面地探查满贯。

进程可能如下：

例 7		例 8	
北	南	北	南
1NT	3 ◇	1NT	3 ◇
3 ♡		3 ♠	

例 7：北家再叫 3 ♡ 表示梅花配合（扣叫较低的高花表示对较低的低花有配合）并且有满贯兴趣。

例 8：北家再叫 3 ♠ 表示方块配合（扣叫较高的高花表示对较高的低花有配合）并且有满贯兴趣。

（2）你与同伴可以约定：应叫 3 ♡ 或者 3 ♠ 表示所叫花色是单缺，以此来代替碎片叫。但这种用法给敌方提供了加倍这门花色作为首攻指示的机会，因而我更倾向于碎片叫。

（3）虽然我已经给你们提供了一些准则，但你与同伴必须对涉及到 4NT 的进程进行更为详尽的讨论，以确保同伴不会对示量邀叫或者黑木问叫的用法产生误解。

练习题

问题集 1

北　　南

1NT　　3♣

?

位于北家，持下列牌你将如何再叫？

(1) ♠AK42 ♡AQ53 ♢A42 ♣92_____

(2) ♠K42 ♡AQ53 ♢A42 ♣A72_____

(3) ♠AK42 ♡AQ3 ♢A432 ♣92_____

(4) ♠9432 ♡K3 ♢AK432 ♣AQ_____

(5) ♠AK2 ♡A53 ♢42 ♣KQ932_____

问题集 2

北　　南

1NT　　3♢

4♢　　?

位于南家，持下列牌你将如何再叫？

(1) ♠42 ♡3 ♢KQJ32 ♣AKJ92_____

(2) ♠9 ♡3 ♢AKQ32 ♣AQJ932_____

(3) ♠A2 ♡3 ♢KJ432 ♣AK1092_____

(4) ♠K2 ♡3 ♢AKJ42 ♣KQJ92_____

问题集 3

北　　南

1NT　　3♡

?

位于北家，持下列牌你将如何再叫？

（1）♠A42 ♡K32 ◇AK42 ♣QJ9_____

（2）♠KJ42 ♡Q53 ◇A42 ♣AQ2_____

（3）♠42 ♡AJ3 ◇AKJ42 ♣K92_____

（4）♠AJ2 ♡A53 ◇A2 ♣Q9872_____

问题集 4

北　　南

1NT　　3♠

?

位于北家，持下列牌你将如何再叫？

（1）♠AK42 ♡A853 ◇A42 ♣92_____

（2）♠K42 ♡AQ53 ◇A42 ♣A72_____

（3）♠AKJ2 ♡985 ◇A432 ♣A2_____

（4）♠A2 ♡Q853 ◇AKJ42 ♣K2_____

问题集 5

北　　南

1NT　　3♡

3NT　　?

位于南家，持下列牌你将如何再叫？

（1）♠2 ♡K43 ◇AK432 ♣QJ82_____

（2）♠2 ♡J98 ◇AKJ42 ♣AQ92_____

（3）♠4 ♡A32 ◇AK42 ♣KQJ82_____

（4）♠Q ♡A53 ◇AK102 ♣K9872_____

问题集 6

北	南
1NT	3♠
4♣	?

位于南家，持下列牌你将如何再叫？

（1）♠AK2 ♡3 ◇AJ942 ♣KQJ9_____

（2）♠K42 ♡5 ◇KJ1042 ♣AKQ2_____

（3）♠A42 ♡8 ◇AQ42 ♣AKJ92_____

（4）♠A42 ♡3 ◇KQ42 ♣KQ932_____

练习题答案

问题集 1

北　　南

1NT　　3♣

?

位于北家，持下列牌你将如何再叫？

（1）♠AK42　♡AQ53　◇A42　♣92

3◇。我倾向于以方块作为将牌。

（2）♠K42　♡AQ53　◇A42　♣A72

不叫。我倾向于以梅花作为将牌。

（3）♠AK42　♡AQ3　◇A432　♣92

3◇。我倾向于以方块作为将牌。

（4）♠9432　♡K3　◇AK432　♣AQ

3◇。我倾向于以方块作为将牌。

（5）♠AK2　♡A53　◇42　♣KQ932

不叫。我倾向于以梅花作为将牌。

问题集 2

北　　南

1NT　　3◇

4◇　　?

位于南家，持下列牌你将如何再叫？

（1）♠42　♡3　◇KQJ32　♣AKJ92

5♣。我有♣A但没有♡A和♠A。

（2）♠9　♡3　◇AKQ32　♣AQJ932

4NT。黑木问叫，询问同伴有几个A。

（3）♠A2 ♡3 ♢KJ432 ♣AK1092

4♠。我有♠A 但没有♡A。

（4）♠K2 ♡3 ♢AKJ42 ♣KQJ92

4NT。黑木问叫，询问同伴有几个 A。

问题集 3

北　　南

1NT　　3♡

?

位于北家，持下列牌你将如何再叫？

（1）♠A42 ♡K32 ♢AK42 ♣QJ9

4♢。我有方块配合并且有满贯兴趣。

（2）♠KJ42 ♡Q53 ♢A42 ♣AQ2

3NT。或许在低花上我有配合，但整手牌并不理想。

（3）♠42 ♡AJ3 ♢AKJ42 ♣K92

4♢。我有方块配合并且有满贯兴趣。

（4）♠AJ2 ♡A53 ♢A2 ♣Q9872

4♣。我有梅花配合并且有满贯兴趣。

问题集 4

北　　南

1NT　　3♠

?

位于北家，持下列牌你将如何再叫？

（1）♠AK42 ♡A853 ♢A42 ♣92

3NT。我没有满贯兴趣。

（2）♠K42 ♡AQ53 ♢A42 ♣A72

3NT。我没有满贯兴趣。

（3）♠AKJ2 ♡985 ♢A432 ♣A2

4♢。我有方块配合并且有满贯兴趣。

（4）♠A2 ♡Q853 ♢AKJ42 ♣K2

4♢。我有方块配并且有满贯兴趣。

问题集 5

北　　南

1NT　　3♡

3NT　　?

位于南家，持下列牌你将如何再叫？

（1）♠2 ♡K43 ♢AK432 ♣QJ82

不叫。同伴没有满贯兴趣打消了你试探满贯的念头。

（2）♠2 ♡J98 ♢AKJ42 ♣AQ92

不叫。同伴没有满贯兴趣打消了你试探满贯的念头。

（3）♠4 ♡A32 ♢AK42 ♣KQJ82

4♣。我仍然对梅花满贯有兴趣。

（4）♠Q ♡A53 ♢AK102 ♣K9872

4NT。示量邀叫，试探满贯的可能性。

问题集 6

北家　　南家

1NT　　3♠

4♣　　?

位于南家，持下列牌你将如何再叫？

（1）♠AK2 ♡3 ♢AJ942 ♣KQJ9

4♢。扣叫显示♢A。

（2）♠ K42 ♡ 5 ◇ KJ1042 ♣ AKQ2

4NT。示量邀叫。

（3）♠ A42 ♡ 8 ◇ AQ42 ♣ AKJ92

4◇。扣叫显示◇ A。

（4）♠ A42 ♡ 3 ◇ KQ42 ♣ KQ932

4♠。扣叫显示♠ A，同时否认◇ A 以及♡ A。

牌例 1 双方无局

北发牌

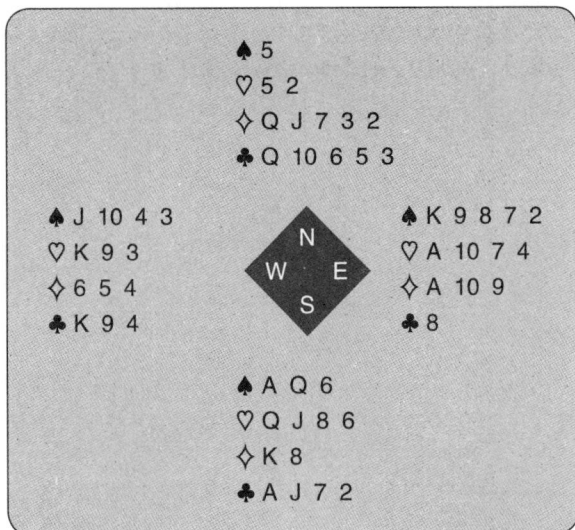

	西	北	东	南
		不叫	不叫	1NT
	不叫	3♣	全不叫	

3♣＝至少五张梅花和五张方块，5－5弱牌。

不叫＝"我更希望以梅花为将牌。"

牌例 2 南北有局

东发牌

```
                    ♠ 8
                    ♡ A 3 2
                    ♦ K Q J 7
                    ♣ A J 9 6 3

♠ K Q J 6          ┌───────┐          ♠ A 9 7 3 2
♡ 10 9 8 7         │   N   │          ♡ 6 5 4
♦ 4 2             │ W   E │          ♦ 8 5 3
♣ 10 7 4          │   S   │          ♣ 5 2
                    └───────┘
                    ♠ 10 5 4
                    ♡ K Q J
                    ♦ A 10 9 6
                    ♣ K Q 8
```

西	北	东	南
		不叫	1NT
不叫	3♡	不叫	4♦
不叫	4♡	不叫	4NT
不叫	5♡	不叫	6♦
全不叫			

3♡＝1－3－4－5 或 1－3－5－4 牌型，逼叫进局的实力并且有满贯兴趣。

4♦＝方块配合并且有满贯兴趣。

4♡＝我有♡A。

4NT ＝黑木问叫，"你有几个 A ？"

5♡＝"我有两个 A。"

6♦＝"我认为联手可以完成方块满贯。"

牌例 3 东西有局

南发牌

♠ 9 3 2
♡ 9
♢ A Q 7 6 3
♣ A K 10 4

♠ 10 8 6　　　　　　　　　♠ J 7 5
♡ A J 8 6　　　　　　　　♡ K 10 7 5 4
♢ 10 9 2　　　　　　　　　♢ J 4
♣ 7 6 2　　　　　　　　　♣ J 8 3

♠ A K Q 4
♡ Q 3 2
♢ K 8 5
♣ Q 9 5

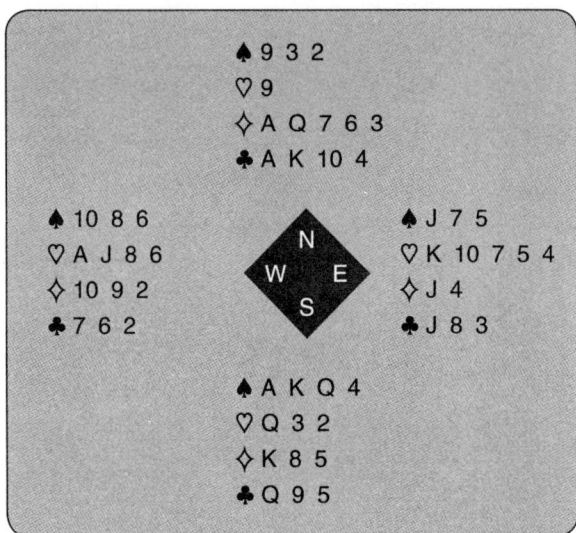

西	北	东	南
			1NT
不叫	3♠	不叫	4♠
全不叫			

3♠＝3－1－4－5 或 3－1－5－4 牌型，逼叫进局的实力并且有满贯兴趣。

4♠＝"我的牌并不适合满贯，或许我们可以做成 4♠，虽然你只有三张黑桃。"

牌例 4 双方有局

西发牌

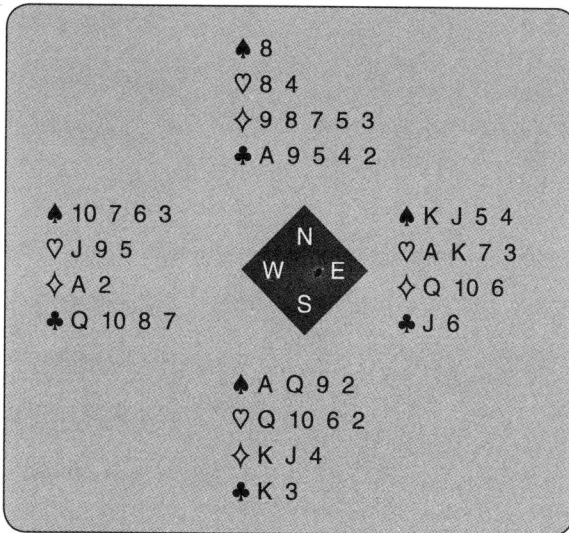

♠ 8
♡ 8 4
♢ 9 8 7 5 3
♣ A 9 5 4 2

♠ 10 7 6 3   ♠ K J 5 4
♡ J 9 5   ♡ A K 7 3
♢ A 2   ♢ Q 10 6
♣ Q 10 8 7   ♣ J 6

♠ A Q 9 2
♡ Q 10 6 2
♢ K J 4
♣ K 3

西	北	东	南
不叫	不叫	1♢	1NT
不叫	3♣	不叫	3♢
全不叫			

3♣＝至少五张梅花和五张方块，5－5弱牌。

3♢＝我更希望以方块为将牌。

牌例 5 南北有局

北发牌

```
                    ♠ K 4
                    ♡ 6
                    ♢ A Q 10 6 5
                    ♣ K Q 6 5 4

  ♠ Q 9 6 5 2              N          ♠ J 10 8
  ♡ A Q 10 8 3 2       W      E       ♡ 9 5
  ♢ 9                     S          ♢ J 8 7 3 2
  ♣ 10                               ♣ J 9 3

                    ♠ A 7 3
                    ♡ K J 7 4
                    ♢ K 4
                    ♣ A 8 7 2
```

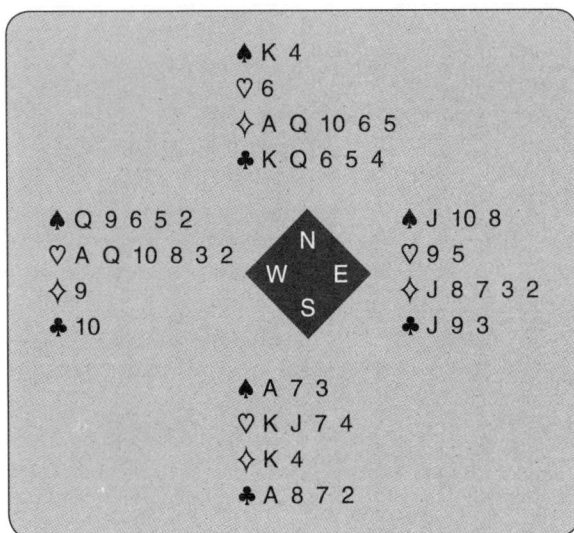

西	北	东	南
			1NT
不叫	3♢	不叫	4♣
不叫	4♢	不叫	4NT
不叫	5♢	不叫	6♣
全不叫			

3♢＝至少五张梅花和五张方块，逼叫进局的实力并且有满贯兴趣。

4♣＝"我有梅花配合，而且我认为可能有满贯。"

4♢＝扣叫表示♢ A。

4NT ＝黑木问叫，"你有几个 A？"

5♢＝"我有一个 A。"

6♣＝"我认为联手可以做成梅花满贯。"

牌例 6 东西有局

东发牌

```
                    ♠ 4 3
                    ♡ 6
                    ♢ A K Q 10 3
                    ♣ K Q 7 5 3

   ♠ 10 9                          ♠ K Q 6 5 2
   ♡ A 9 8 7 4          N          ♡ J 10 5 3
   ♢ 8 2            W       E       ♢ 9 6
   ♣ J 10 9 4           S          ♣ 8 2

                    ♠ A J 8 7
                    ♡ K Q 2
                    ♢ J 7 5 4
                    ♣ A 6
```

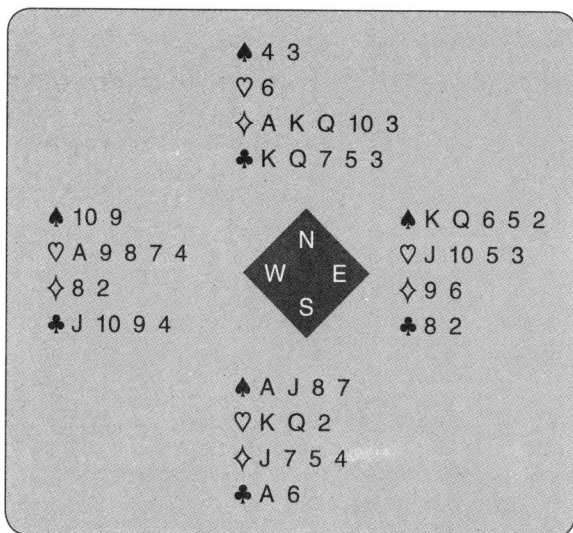

西	北	东	南
		不叫	1NT
不叫	3♢	不叫	3NT
全不叫			

3♢＝至少五张梅花和五张方块，逼叫进局的实力并且有满贯兴趣——5－5 强牌。

3NT＝"我对任何一门低花都没有好配合，我认为 3NT 是最佳合约。"

牌例 7 双方有局

南发牌

```
                 ♠ 8 7
                 ♡ 2
                 ◇ K 10 9 6 4
                 ♣ K 7 5 3 2

  ♠ A 10 2              N          ♠ 9 6 5 4
  ♡ A J 10 8 5    W         E      ♡ 9 7 6
  ◇ J 7 3              S          ◇ Q 8
  ♣ 10 4                          ♣ A Q 8 6

                 ♠ K Q J 3
                 ♡ K Q 4 3
                 ◇ A 5 2
                 ♣ J 9
```

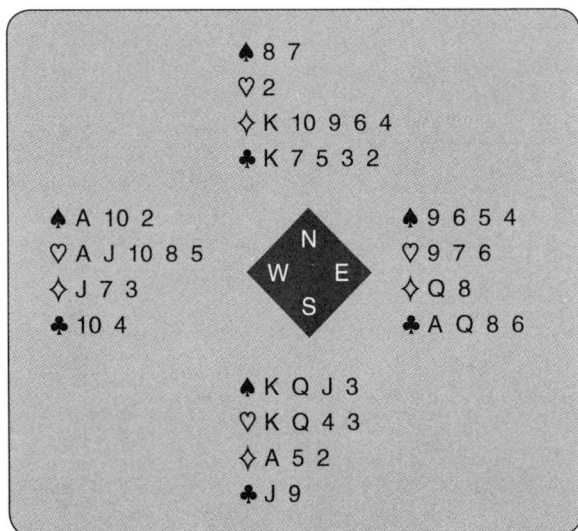

西	北	东	南
			1NT
不叫	3♣	不叫	3◇
全不叫			

3♣＝至少五张梅花和五张方块，少于 8 点——5 - 5 弱牌。

3◇＝"我更希望以方块为将牌。"

牌例 8 双方无局

西发牌

```
                  ♠ 2
                  ♡ 3
                  ♢ A J 10 9 5
                  ♣ K J 10 9 8 2

  ♠ Q 5 4                        ♠ K J 10 9 8 7
  ♡ J 10 7 6 4      N            ♡ K Q 9
  ♢ 6 4 2        W     E         ♢ Q 7 3
  ♣ Q 5             S            ♣ 7

                  ♠ A 6 3
                  ♡ A 8 5 2
                  ♢ K 8
                  ♣ A 6 4 3
```

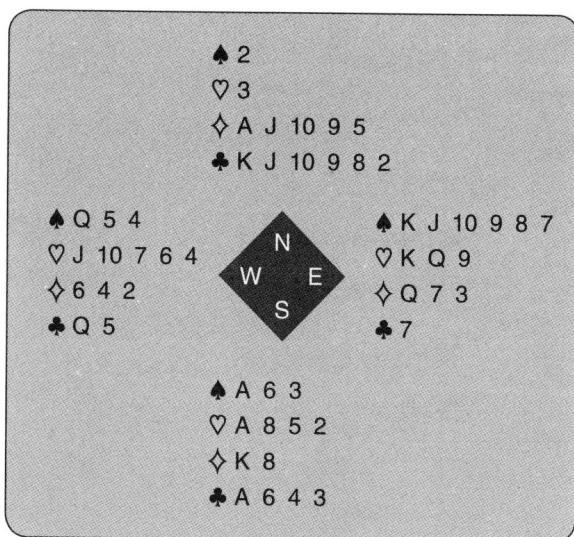

西	北	东	南
不叫	不叫	不叫	1NT
不叫	3♢	不叫	4♣
不叫	4♢	不叫	6♣
全不叫			

3♢＝至少五张梅花和五张方块，逼叫进局的实力并且有满贯兴趣，

5－5强牌。请注意北家已经做过不叫。为什么北家认为有满贯的

可能性呢？他的牌一定非常特殊。

4♣＝"我认为联手应该以梅花作为将牌。"

4♢＝扣叫显示♢A。

6♣＝"基于你有♢A，我认为联手已经可以做成梅花满贯。"

开叫 2NT 之后应叫 3♠

2NT — 3♠约定叫在众多约定叫中赢得越来越广泛的青睐。它之所以受到重视，原因在于人们逐渐意识到开叫 2NT（或 2♣开叫后再叫 2NT）之后，需要有相应的叫牌手段来探查低花满贯。

这个约定叫非常简单。开叫 2NT 后应叫人有如下类型的持牌：

• 持一个或两个长套低花；

• 有足够的大牌实力或者赢墩能力，从而可以试探满贯。

• 应叫人的 3♠接力到 3NT。开叫人再叫 3NT 之后，应叫人的再叫可以描述自己的持牌类型：

• 持长套梅花（六张以上），应叫人再叫 4♣；

• 持长套方块（六张以上），应叫人再叫 4♢；

• 持双低花（5 — 5）或者更长，应叫人再叫自己的高花短套（单张或缺门），建议但不是必须打满贯；

• 持 5 — 4 低花（任意一门低花五张），应叫人再叫 4NT，建议但不是必须打满贯（轻微兴趣）。

我喜欢这个约定叫的原因之一是我们不会有任何损失。使用这个约定叫之前，3♠没有任何其他定义。现在你获得了一个有价值的叫品，但为此却没有放弃任何现有的用法，何乐而不为呢！

这个约定叫的后续叫牌，你与同伴可以详细约定。本书中我给出一个相对简单且方便使用的方法。如果应叫人：

• 再叫 4♣或 4♢，此时要求开叫人扣叫控制（A）；

• 再叫高花短套（4♡或 4♠），开叫人有如下选择：

  ○ 再叫 4NT，希望以此为定约；

  ○ 再叫他有配合的低花，这个叫品确认要打满贯。

• 再叫 4NT，开叫人有如下选择：

  ○ 不叫，希望打 4NT；

  ○ 再叫他有配合的低花，这个叫品确认要打满贯。

• 再叫 5NT 要求开叫人选择一门低花，开叫人有如下选择：

○再叫 6NT；

○叫他有配合的低花——6♣或 6♦。

在上述进程中，如果开叫人再叫低花确认配合后，后续再叫新花色都是扣叫控制（A），准备试探大满贯。

如你所看到的那样，这些叫品把叫牌空间压缩得非常快，大多数情况下在五阶才第一次显示配合，因而后续已经无法使用黑木问叫或者关键张问叫。

我们来看叫牌进程将如何发展。

再叫 4♣或 4♦，要求开叫人扣叫控制（A）。

例 1

北	南
2NT	3♠
3NT	4♣
?	

2NT ＝ 20 ~ 21 点的均型牌。

3♠＝接力叫。

3NT ＝强制性叫品。

4♣＝表示六张以上梅花，并且有满贯兴趣。

开叫人的选择：

•4♦＝我有♦A。

•4♡＝我有♡A 但没有♦A。

•4♠＝我有♠A 但没有♡A 和♦A。

•4NT ＝我没有A。（备注：应叫人有试探满贯的实力，开叫人没有A 却有开叫 2NT 的牌力，这的确令人难以置信。）

开叫人扣叫A 之后，应叫人可以扣叫，以此来传递更多的信息，或者再叫 4NT 示弱，或者直接叫满贯。

例 2

北　　南

2NT　3♠

3NT　4♣

4♦　　?

2NT ＝ 20 ～ 21 点的均型牌。

3♠＝接力叫。

3NT ＝强制性叫品。

4♣＝表示六张以上梅花，并且有满贯兴趣。

4♦＝我有♦ A，并且可能还持有其他 A。

应叫人的选择：

记住，如果应叫人已经有足够的信息确定最终的定约是 5♣，6♣或 7♣，他就不会再选择其他叫品。经验表明，继续扣叫表示应叫人并不确定最终的定约。

•4♡＝我有♡ A。这个叫品暗示应叫人的黑桃较弱，需要开叫人在这门花色有控制，也就是♠ A 或♠ K。

•4♠＝我有♠ A 但没有♡ A。这个叫品暗示应叫人的红心较弱，需要开叫人在这门花色有控制，也就是♡ A 或♡ K。

•4NT ＝我没有可以扣叫的花色。这个叫品意味着应叫人在红心和黑桃上都没有第一轮控制，需要开叫人在这两门花色都有帮助。基于应叫人在红心和黑桃上的实力较弱但却可以试探满贯，开叫人不能立刻否定满贯的可能性。开叫人必须尝试组合应叫人的大牌，从而明确为什么在方块，红心和黑桃都缺少第一轮控制的情况下，他可以试探满贯。应叫人持什么样的牌？极佳的梅花？多个花色都有第二轮控制（K）？只有通过查看自己的牌，开叫人才能确定应叫人的实际牌张。

再叫高花短套（4♡或 4♠），开叫人有如下选择：

• 再叫 4NT，希望以此为定约；

• 再叫他配合的低花，确认要打满贯。

例 3

北　　南

2NT　　3♠

3NT　　4♠

?

2NT ＝ 20 ～ 21 点的均型牌。

3♠＝接力叫。

3NT ＝强制性叫品。

4♠＝我持 5 － 5 低花，黑桃是短套并且有试探满贯的实力。

北家的选择：

• 4NT ＝我希望打 4NT 定约。我的牌不适合打低花有将定约。（不适合打低花有将定约的牌就意味着点力集中在高花，并且两门低花加起来通常只有五张。另外一个开叫人再叫 4NT 的因素是手上有大量的 Q 和 J，而不是 A 和 K。下面就是一副不适合打低花有将定约的"差"牌：

♠ KQJ4　♡ AQJ9　♢ J73　♣ K2

大牌点都集中在高花，只有三张方块和两张梅花，这手牌唯一有吸引力的牌点是♡ A 和♣ K。

• 5♣＝我有三张以上梅花，并且持一手主打低花有将定约的"好"牌。下面就是一副"好"牌：

♠ J74　♡ AKJ9　♢ KQ3　♣ AK2

三张将牌其中有两张大牌，另外一门低花同样有两张大牌。

在同伴的短套花色没有浪费的点力，而在另外一门双张花色上有第一和第二轮控制。

• 5◇＝我有三张以上方块，并且持一手主打低花有将定约的"好"牌。一手"好"牌可能如下所示：

♠K74　♡AKQ9　◇AJ73　♣K2

四张将牌，梅花上弥补的大牌（K），同伴的双张花色（红心）上有第一和第二轮控制。

例4

北　　南

2NT　3♠

3NT　4♠

4NT　？

2NT ＝ 20 ～ 21 点的均型牌。

3♠＝接力叫。

3NT ＝强制性叫品。

4♠＝我持 5 － 5 低花，黑桃是短套并且有满贯兴趣。

4NT ＝我对低花没有好的配合。

应叫人的选择：

5♣＝我有♣A，扣叫。

5◇＝我有◇A，扣叫。应叫人在试探大满贯。

6♣＝请选择一个满贯——6♣或者 6◇。

6NT ＝我有打满贯的实力。

再叫 4NT，开叫人有如下选择：

• 不叫，同意打 4NT；

• 再叫自己配合的低花，确认要打满贯。

例 5

北　　南

2NT　　3♠

3NT　　4NT

?

2NT = 20 ～ 21 点的均型牌。

3♠ = 接力叫。

3NT = 强制性叫品。

4NT = 我持 5 - 4 或者 4 - 5 低花套，并且有满贯兴趣。

如果开叫人对低花没有很好的配合，通常他会对 4NT 不叫。

北家的选择：

• 不叫 = 对于低花有将定约来说，我的牌不好。在目前进程中，一手"好"牌意味着开叫人在两门高花都有第一或者第二轮控制，并且至少一门低花有四张以上配合。（记住，在 4NT 之后开叫人可以不叫，因而如果你持一手逼叫到满贯的牌，一定不要再叫4NT。）

• 5♣ = 确认梅花为将牌。如果边花有 A 应叫人必须扣叫。

• 5♢ = 确认方块为将牌。如果边花有 A 应叫人必须扣叫。

再叫 5NT 要求开叫人选择一门低花，开叫人有如下选择：

• 再叫 6NT；

• 选择自己配合的低花——6♣ 或 6♢。

例 6

北　　南

2NT　　3♠

3NT　　5NT

?

2NT ＝ 20 ～ 21 点的均型牌。

3♠＝接力叫。

3NT ＝强制性叫品。

5NT ＝我持 5 － 4 或者 4 － 5 低花套，准备打小满贯。

北家的选择：

•6NT ＝对于低花有将定约来说，我的牌不好。在目前进程中，一手"好"牌意味着开叫人在两门高花都有第一或者第二轮控制，并且至少一门低花有四张以上配合。（记住，5NT 之后开叫人必须叫牌。）

•6♣＝选择梅花为将牌。

•6♦＝选择方块为将牌。

补充要点

如果你与同伴使用关键张问叫，你们可以约定在应叫人再叫 4♣或 4♦后，开叫人直接对该低花答叫关键张。随后再叫比将牌花色高一级的叫品是询问 K（5♦表示应叫人持梅花套；5♡表示应叫人持方块套）。

- 你与同伴必须约定是否使用特定的 K 问叫。
- 你与同伴必须约定是否使用将牌 Q 问叫。
- 你与同伴必须约定在答叫关键张之后，再叫 4NT 是否表示想打。

通过以下八个牌例，我们讲述当应叫人持双套牌时，如何利用上述约定叫交换信息，从而叫到满贯。

牌例 1 双方无局

北发牌

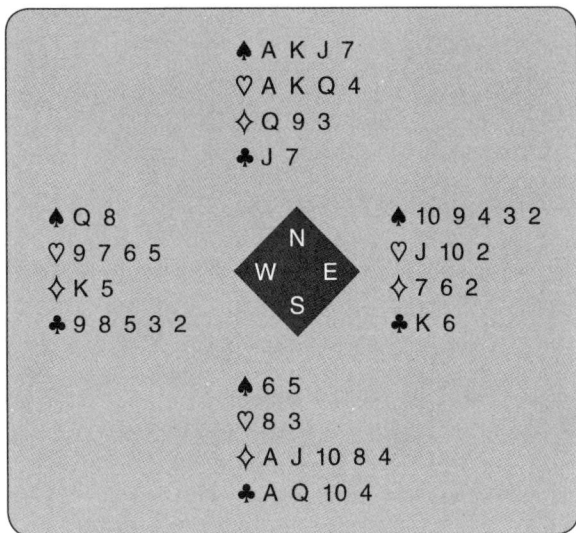

北

♠ A K J 7
♡ A K Q 4
♦ Q 9 3
♣ J 7

西

♠ Q 8
♡ 9 7 6 5
♦ K 5
♣ 9 8 5 3 2

东

♠ 10 9 4 3 2
♡ J 10 2
♦ 7 6 2
♣ K 6

南

♠ 6 5
♡ 8 3
♦ A J 10 8 4
♣ A Q 10 4

西	北	东	南
	2NT	不叫	3♠
不叫	3NT	不叫	4NT
全不叫			

2NT ＝ 20 ～ 21 点的均型牌。

3♠＝接力叫。

3NT ＝强制性叫品。

4NT ＝我持 5 － 4 或者 4 － 5 低花套，并且有满贯兴趣。

不叫 ＝"我的牌与你配合不好，我认为联手不应该尝试满贯。"

牌例 2 南北有局

东发牌

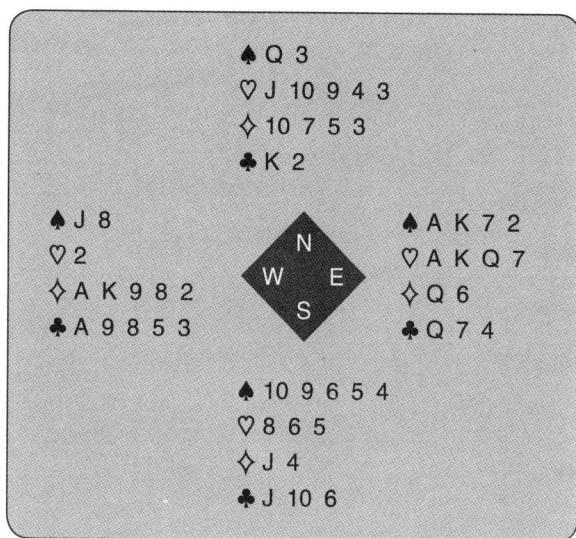

西	北	东	南
		2NT	不叫
3♠	不叫	3NT	不叫
4♡	不叫	4NT	全不叫

2NT ＝ 20 ～ 21 点的均型牌。

3♠＝接力叫。

3NT ＝强制性叫品。

4♡＝我持 5 － 5 低花并且红心是短套。

4NT ＝我认为联手不应该尝试满贯。

牌例 3 东西有局

南发牌

```
                    ♠ 4
                    ♡ K 2
                    ♢ A J 10 5 3
                    ♣ A K J 8 6

♠ Q 7 3                                ♠ J 10 9 8 6 5
♡ 10 9 7 6 5 4          N              ♡ J 8
♢ 8 7              W         E         ♢ 9 4 2
♣ 5 2                   S              ♣ 7 4

                    ♠ A K 2
                    ♡ A Q 3
                    ♢ K Q 6
                    ♣ Q 10 9 3
```

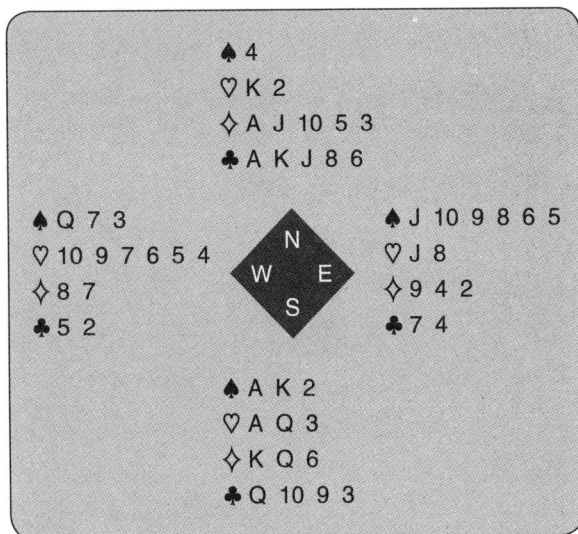

西	北	东	南
			2NT
不叫	3♠	不叫	3NT
不叫	4♠	不叫	5♣
不叫	5♢	不叫	5♡
不叫	5NT	不叫	6♢
不叫	6♡	不叫	7NT
全不叫			

2NT ＝ 20 ～ 21 点的均型牌。

3♠＝接力叫。

3NT ＝强制性叫品。

4♠＝我持 5 － 5 低花并且黑桃是短套。

5♣＝配合梅花（四张以上）并且有满贯兴趣。

5◇＝扣叫显示◇ A。

5♡＝扣叫显示♡ A。

5NT ＝没有其他花色可以扣叫，但我还有额外实力。

6◇＝我有◇ K。

6♡＝我有♡ K。

7NT ＝我认为联手可以得到 13 墩。

牌例 4 双方有局

西发牌

```
              ♠ 10 6
              ♡ A 9 7 6 4
              ◇ 8 4
              ♣ 10 9 6 4

♠ A J 7            N            ♠ K Q 5
♡ K J 2        W     E         ♡ 3
◇ K J 5           S            ◇ A Q 10 9 6 3 2
♣ A Q J 7                      ♣ K 5

              ♠ 9 8 4 3 2
              ♡ Q 10 8 5
              ◇ 7
              ♣ 8 3 2
```

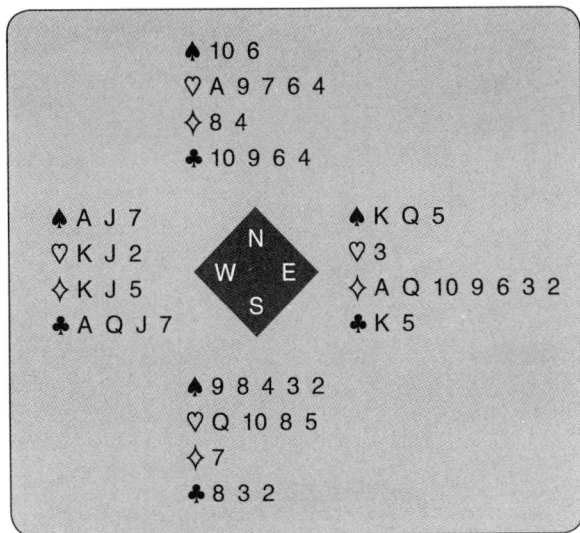

西	北	东	南
2NT	不叫	3♠	不叫
3NT	不叫	4◇	不叫
4♠	不叫	4NT	不叫
5♣	不叫	6◇	全不叫

2NT ＝ 20 ～ 21 点的均型牌。

3♠＝接力叫。

3NT ＝强制性叫品。

4◇＝六张以上方块，并且有满贯兴趣。

4♠＝扣叫显示♠A 但否认有♡A。

4NT ＝如果你没有♡A，我持满贯边缘牌力。

5♣＝我有♣A 并且有很好的方块配合。

6◇＝虽然没有可以继续扣叫的花色，但我喜欢自己的牌，很愿意尝试满贯。

牌例 5 南北有局

北发牌

```
                    ♠ A K Q
                    ♡ K Q 6 3
                    ♢ A J
                    ♣ J 10 8 5

  ♠ 10 8 4 3              N              ♠ J 7 6 5 2
  ♡ A 9 7 4         W         E         ♡ J 10 8 2
  ♢ 6 3                   S              ♢ 8 5 4 2
  ♣ 7 4 2                                ♣ —

                    ♠ 9
                    ♡ 5
                    ♢ K Q 10 9 7
                    ♣ A K Q 9 6 3
```

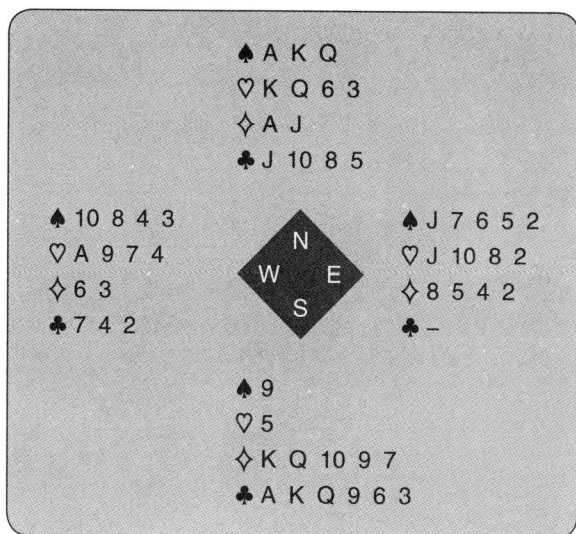

西	北	东	南
	2NT	不叫	3♠
不叫	3NT	不叫	4♡
不叫	5♣	不叫	6♣
全不叫			

2NT ＝ 20 ～ 21 点的均型牌。

3♠＝接力叫。

3NT ＝强制性叫品。

4♡＝我持 5 － 5 低花并且红心是短套，有满贯兴趣。

5♣＝我对梅花有配合。

6♣＝我没有可以扣叫的花色，但我认为联手可以完成满贯。

牌例 6 东西有局

东发牌

♠ Q 3 2	
♡ 10 5 4 2	
◇ 8 5 3 2	
♣ J 6	

西	东
♠ A J 8 5	♠ K 6
♡ A K Q J	♡ 6
◇ A J 4	◇ K Q 6
♣ 9 8	♣ A K Q 10 7 5 4

N / W E / S

♠ 10 9 7 4	
♡ 9 8 7 3	
◇ 10 9 7	
♣ 3 2	

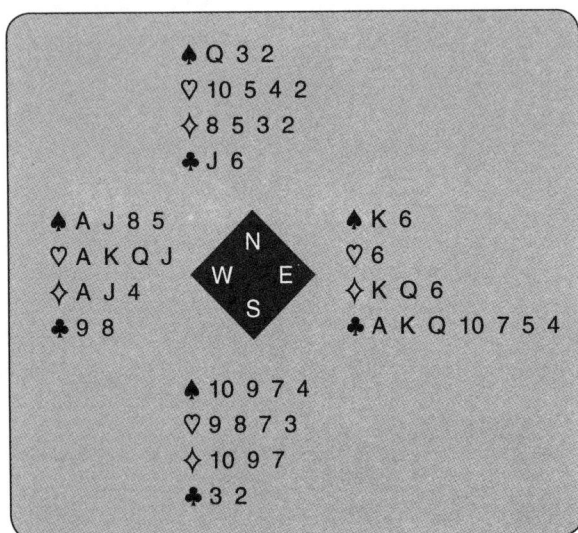

西	北	东	南
		2NT	不叫
4♣	不叫	4NT	不叫
7NT	全不叫		

2NT = 20 ～ 21 点的均型牌。

•4♣ = 戈伯问叫，询问 A。西家只需要了解同伴有几个 A 就知道应该叫到几阶。（记住，如果约定叫不能给你有价值的信息，就不要轻易使用。）

4NT = "我有 3 一个 A。"

7NT = 我已经可以数到 13 墩。

牌例 7 双方有局

南发牌

```
                    ♠ A 6
                    ♡ —
                    ◇ A K 10 8 4 2
                    ♣ K Q 8 6 2

♠ 10 3 2                                ♠ 9 8 5 4
♡ A 10 9 6 5 4 3         N              ♡ 8 7 2
◇ 3                   W     E           ◇ 7 6
♣ 10 7                  S               ♣ 9 5 4 3

                    ♠ K Q J 7
                    ♡ K Q J
                    ◇ Q J 9 5
                    ♣ A J
```

西	北	东	南
			2NT
不叫	3♠	不叫	3NT
不叫	4♡	不叫	5◇
不叫	5♠	不叫	6♣
不叫	7◇	全不叫	

2NT ＝ 20 ～ 21 点的均型牌。

3♠＝接力叫。

3NT ＝强制性叫品。

4♡＝我持 5－5 低花并且红心是短套。

5◇＝"我有方块配合。"

5♠＝我有♠A 但没有♡A。

6♣＝我有♣A。

7◇＝我认为联手已经有 13 墩。

143

牌例 8 双方无局

西发牌

♠ J 9 7 4
♡ 9 8 7 3
♢ A 8 3
♣ 9 8

♠ A K Q
♡ K Q J 6
♢ K Q 5
♣ 6 4 3

N
W E
S

♠ 8 5 2
♡ A 4 2
♢ 2
♣ A K Q 7 5 2

♠ 10 6 3
♡ 10 5
♢ J 10 9 7 6 4
♣ J 10

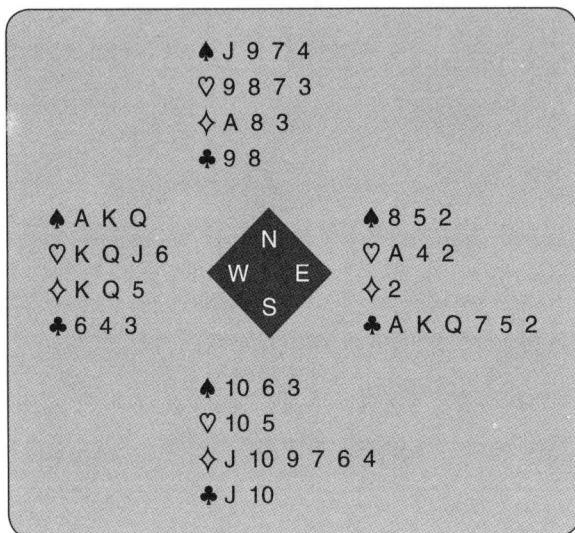

西	北	东	南
2NT	不叫	3♠	不叫
3NT	不叫	4♣	不叫
4♠	不叫	6♣	全不叫

3♠＝接力叫。

3NT ＝强制性叫品。

4♣＝我有六张以上梅花，并且有满贯兴趣。

4♠＝扣叫显示♠A，同时否认♢A 和♡A。

6♣＝我认为联手可以完成梅花满贯。

莱本索尔

莱本索尔由乔治·波姆（George Boehm）发明。当你（或同伴）开叫或争叫 1NT 后，左手敌方在二阶争叫，莱本索尔用以解决敌方争叫所带来的困扰。对开叫 2NT 以及开叫一阶花色后再叫 1NT，莱本索尔并不适用。无论敌人是自然争叫还是约定性争叫，都可以使用莱本索尔。利用这个约定叫，应叫人可以描述以下类型的持牌（多数情况下）：

•弱牌（0～7 点）并且有一个长套；

•邀请实力（8～9 点）；

•逼叫进局的实力（10$^+$点）。

如果联手有进局牌力，莱本索尔使应叫人可以区分在敌方花色上是否有挡张，以及询问高花同时区分是否在敌方花色上有挡张。这是一个非常有用的约定叫，只不过略微有点复杂。

以下情况不属于莱本索尔约定叫，但我强烈推荐你们在这三种进程中使用。

•如果敌方加倍 1NT，所有叫品维持原意。例如，2♣是斯台曼，2♦是杰克贝转移叫，等等。

•如果敌方争叫 2♣不是自然叫，加倍 2♣就是斯台曼，后续叫牌维持原意。

•如果敌方在三阶争叫，加倍是技术性。

•如果敌方争叫其他花色而不是约定性的 2♣，应叫人的加倍是惩罚性加倍。如果敌方的争叫表示双套牌，应叫人的加倍表示至少对其中一套有惩罚的实力。

在其他叫牌进程中同样可以使用莱本索尔。它的使用方式如下所示。同伴开叫 1NT，左手敌方在二阶争叫后，应叫人可以：

•二阶叫牌是自然叫，而且不逼叫（弱牌）；

•三阶叫牌是自然叫，而且是逼叫进局（强牌）；

•2NT 是人为叫品，接力至 3♣；

•如果应叫人原本可以在二阶出套，但却选择先叫 2NT（接力至 3♣），然后在三阶出套，这种方式承诺邀叫实力；

•直接应叫 3NT 表示逼叫进局的实力，但在敌方花色上没有挡张；

•先叫 2NT 而后再叫 3NT，表示逼叫进局的实力而且在敌方的花色上有挡张；

•直接扣叫敌方的花色表示斯台曼，但在敌方的花色上没有挡张；

•先叫 2NT 而后再扣叫敌方的花色表示斯台曼，而且在敌方的花色上有挡张；

我们依次检验不同的叫牌局势，看看应叫人承诺了什么，以及开叫人如何再叫。（在下列牌例中，敌方的争叫都是自然叫而非约定性叫品。）

二阶叫牌是自然叫，不逼叫（弱牌）。

在下列局势中，南家可以在二阶出套，我们将这些叫品称之为"止叫"。它表示一手弱牌，不逼叫的实力（少于 7 点），通常预期 1NT 的开叫人不叫。这个叫品通常表示六张以上长套，至少不能少于五张。

例1

北	东	南
1NT	2♣	2♡

例3

北	东	南
1NT	2♣	2♢

例2

北	东	南
1NT	2♡	2♠

例4

北	东	南
1NT	2♢	2♠

以下是南家可能的持牌：

例1：♠ 42　♡ AQ8732　♢ J54　♣ 32

红心长套的弱牌。

例 2：♠ AQ952　♡ 8　♦ J964　♣ 873

仅有 5 五张黑桃的弱牌，但黑桃质量较好，且在敌方花色上是单张。

例 3：♠ 432　♡ 872　♦ AJ9654　♣ 3

方块长套的弱牌。

例 4：♠ KQJ1092　♡ 72　♦ 964　♣ 32

黑桃长套的弱牌。

开叫人应该对同伴的二阶应叫不叫。如果同伴在二阶叫牌后敌方继续竞叫，在有配合（三张以上支持）并且持一手好牌时，开叫人可以继续争叫。

三阶叫牌是自然叫，逼叫进局的实力（强牌）。

在下列叫牌进程中，应叫人所叫花色都是五张或者更长的套。如果应叫人持六张以上高花长套，他可以直接跳叫进局或者使用德克萨斯转移叫（如果有这个约定）。如果应叫人持五张以上低花套，他可以在三阶叫出这门花色，如果开叫人在敌方花色上有挡张就可以再叫 3NT。

例 1

北	东	南
1NT	2♣	3♡

例 2

北	东	南
1NT	2♡	3♦

例 3

北	东	南
1NT	3♣	3♦

例 4

北	东	南
1NT	2♠	3♡

以下是南家可能的持牌：

例 1：♠ K2　♡ AQ872　♦ J54　♣ 432

10 点牌力以及五张红心套；

例 2：♠ A32　♡ 542　♦ AQ982　♣ 32

10 点牌力以及五张方块套；

例 3：♠A32　♡Q72　♢AJ9654　♣3

11 点牌力以及六张方块套；

例 4：♠KQ3　♡AJ1092　♢964　♣K2

13 点牌力以及五张红心套。

开叫人的再叫

在上述叫牌进程中，南家在三阶叫出新花色，这样的叫品称之为"进局逼叫"。他表示无论无将还是有将定约，联手都有成局的实力（10$^+$点）。1NT 的开叫人再叫：

• 有配合（三张以上）时加叫同伴的高花；

• 有配合（三张以上）时加叫同伴低花，如果无将是不太可能的定约；

• 再叫新花色表示五张以上（偶尔四张）；

• 在敌方花色上有挡张时（阻止敌方在某个花色上连续兑现四墩或者五墩）再叫 3NT。如果敌方争叫双套牌，如何显示挡张将在后文中讨论。

2NT 是人为叫品，要求同伴接力至 3♣。如果应叫人原本可以在二阶出套，却选择先叫 2NT（接力至 3♣）而后在三阶出套，就表示有邀请实力。

例 1

北	东	南	西
1NT	2♠	2NT	不叫
3♣	不叫	3♡	

例 2

北	东	南	西
1NT	2♡	2NT	不叫
3♣	不叫	不叫	

例 3

北	东	南	西

例 4

北	东	南	西

1NT	2♣	2NT	不叫	1NT	2♡	2NT	不叫
3♣	不叫	3♡		3♣	不叫	3♠	

这种处理方式的最常见用途是让应叫人持弱牌时得以显示长套。它也可以用来表示有邀叫实力并且有长套的牌。（另一个用法是区分应叫人是否在敌方的花色上有挡张，这种用法将在后文中讨论。）例1和例2描述的是六张以上长套的弱牌。例3和例4描述的是邀请牌。以下是南家可能的持牌：

例1：♠2 ♡AQ8752 ♢9854 ♣32

六张红心，0 ～ 7 点牌力。

例2：♠32 ♡2 ♢Q982 ♣KJ10982

六张梅花，0 ～ 7 点牌力。

例3：♠752 ♡AJ1042 ♢A754 ♣3

五张红心，8 ～ 9 点牌力。

例4：♠KQJ1093 ♡76 ♢964 ♣K2

六张黑桃，8 ～ 9 点牌力。

开叫人的再叫：

例1和例2：

• 开叫人应该不叫。

• 如果对手继续争叫，在有配合（三张以上支持）并且持好牌的情况下，开叫人可以继续竞叫。

例3和例4：

• 持低限牌力，开叫人应该不叫；

• 有配合（三张以上支持）并且持高限牌力，开叫人应该加叫进局；

• 没有配合但持高限牌力并且在敌方花色上有挡张，开叫人再叫 3NT。

直接叫3NT表示逼叫进局的实力，但在敌方花色上没有挡张。

这个叫品通常表示10⁺点的均型牌，敌方争叫花色上没有挡张，没有四张或五张高花也没有六张以上低花。如果应叫人认为跳叫3NT可以更好地描述自己的牌力和牌型，他也可以隐藏五张以上低花套。

例1   **例2**

北	东	南
1NT	2♣	3NT

北	东	南
1NT	2♡	3NT

例3   **例4**

北	东	南
1NT	2♦	3NT

北	东	南
1NT	2♠	3NT

例1：♠K32 ♡A72 ♦KJ54 ♣752

10⁺点牌力，没有四张以上高花也没有五张以上低花，同时也没有梅花挡张。

例2：♠A32 ♡54 ♦A982 ♣KQ72

10⁺点牌力，没有四张以上高花也没有五张以上低花，同时也没有红心挡张。

例3：♠A32 ♡Q72 ♦542 ♣AJ96

10⁺点牌力，没有四张以上高花也没有五张以上低花，同时也没有方块挡张。

例4：♠Q3 ♡A92 ♦J9654 ♣KQ2

10⁺点牌力，没有四张以上高花也没有五张以上低花，同时也没有黑桃挡张。

开叫人的再叫：

·如果在敌方花色上有挡张，开叫人就应该不叫。

·如果在敌方花色上同样没有挡张，开叫人就再叫最低阶的四张以上套。

先叫 2NT 而后再叫 3NT，表示逼叫进局的实力而且在敌方花色上有挡张。

例1				例2			
北	东	南	西	北	东	南	西
1NT	2♠	2NT	不叫	1NT	2♡	2NT	不叫
3♣	不叫	3NT		3♣	不叫	3NT	

例3				例4			
北	东	南	西	北	东	南	西
1NT	2♣	2NT	不叫	1NT	2♡	2NT	不叫
3♣	不叫	3NT		3♣	不叫	3NT	

这个叫品通常表示 10$^+$点的均型牌，敌方争叫花色上有挡张，没有四张或五张高花也没有六张以上低花。如果应叫人认为跳叫 3NT 可以更好地描述自己的牌力和牌型，他也可以隐藏五张以上低花套。

例1：♠K2　♡872　♢KJ54　♣AQ102

10$^+$点牌力，没有四张以上高花也没有六张以上低花，但有黑桃挡张。

例2：♠A32　♡KJ42　♢K82　♣542

10$^+$点牌力，没有四张以上高花也没有六张以上低花，但有红心挡张。

例3：♠K32　♡Q72　♢A9654　♣A4

10$^+$点牌力，没有四张以上高花也没有六张以上低花，但有梅花挡张。

例4：♠Q7　♡AJ2　♢1087642　♣K2

10$^+$点牌力，没有四张以上高花也没有六张以上低花，但有红心挡张。

开叫人的再叫：

3NT 之后开叫人应该永远不叫，无论自己的牌型，牌点以及在敌方花色的持牌情况。

直接扣叫敌方花色表示斯台曼，但在敌方花色上没有挡张。

例1

北	东	南
1NT	2♣	3♣

例2

北	东	南
1NT	2♡	3♡

例3

北	东	南
1NT	2♦	3♦

例4

北	东	南
1NT	2♠	3♠

此时的扣叫表示 10^+ 点牌力，在敌方花色上没有挡张，但至少有一门四张高花。

例1：♠K82　♡AQ82　♦J754　♣32

四张红心以及 10^+ 点牌力，但没有梅花挡张。

例2：♠AQ32　♡72　♦QJ82　♣A72

四张黑桃以及 10^+ 点牌力，但没有红心挡张。

例3：♠A732　♡AK72　♦Q82　♣32

四张红心，四张黑桃以及 10^+ 点牌力，但没有方块挡张。

例4：♠3　♡AJ92　♦AK64　♣K982

四张红心以及 10^+ 点牌力，但没有黑桃挡张。

开叫人的再叫：

•如果有一门高花，开叫人再叫自己持有的高花；如果持 4—4 高花，开叫人再叫红心。

•如果没有四张高花，但在敌方花色上有挡张，开叫人再叫 3NT。

•如果没有四张高花而且敌方花色上没有挡张，开叫人从低往高叫出自己的四张以上低花套。

先叫 2NT 而后再扣叫敌方花色表示斯台曼，而且在敌方花色上有挡张。

例 1   **例 2**

北	东	南	西	北	东	南	西
1NT	2♠	2NT	不叫	1NT	2♡	2NT	不叫
3♣	不叫	3♠		3♣	不叫	3♡	

例 3   **例 4**

北	东	南	西	北	东	南	西
1NT	2♢	2NT	不叫	1NT	2♡	2NT	不叫
3♣	不叫	3♢		3♣	不叫	3♡	

这种处理方式表示 10^+ 点牌力，在敌方争叫花色上有挡张，并且至少有一门四张高花。

例 1：♠K82　♡AQ82　♢J754　♣32

四张红心以及 10^+ 点牌力，并且有黑桃挡张。

例 2：♠AQ32　♡A72　♢QJ82　♣72

四张黑桃以及 10^+ 点牌力，并且有红心挡张。

例 3：♠A732　♡AK72　♢Q82　♣32

四张红心，四张黑桃以及 10^+ 点牌力，并且有方块挡张。

例 4：♠AK63　♡AJ92　♢4　♣K982

四张黑桃以及 10^+ 点牌力，并且有红心挡张。

开叫人的再叫：

• 如果有一门四张高花，开叫人再叫这门花色；如果持 4 — 4 高花，开叫人再叫红心。

• 如果没有四张高花，开叫人再叫 3NT。

如果敌方争叫双套牌，如何使用莱本索尔？

莱本索尔的基本用法没有改变：

· 二阶叫牌是自然叫，不逼叫（弱牌）；

· 三阶叫牌是自然叫，逼叫进局的实力（强牌）；

· 2NT 是人为叫品，接力至 3♣；

· 如果应叫人原本可以在二阶出套，却选择先叫 2NT 而后在三阶出套，他表示邀叫实力。

莱本索尔的后续用法有变化，也就是你希望显示或者否认在敌方花色上的挡张。如果敌方的争叫表示双套，那么：

· 直接叫 3NT 表示逼叫进局的实力，在已知花色上没有挡张。如果两套花色都是明确的，那么表示较低的花色（锚花色）没有挡张；

· 先叫 2NT 而后再叫 3NT 表示逼叫进局的实力，在已知花色上有挡张。如果两套花色都是明确的，那么表示在锚花色上有挡张；

· 直接扣叫敌方的花色表示斯台曼，并且在敌方的已知花色上没有挡张。如果两套花色都是明确的，那么表示在锚花色上没有挡张；

· 先叫 2NT 而后再扣叫敌方的花色表示斯台曼，并且在敌方的已知花色上有挡张。如果两套花色都是明确的，那么表示在锚花色上有挡张。

例1

北	东	南	西
1NT	2♡	2NT	不叫
3♣	不叫	3NT	

例2

北	东	南	西
1NT	2♡	2NT	不叫
3♣	不叫	3NT	

例3

北	东	南	西

例4

北	东	南	西

1NT　2◇　3NT　不叫　　1NT　2♣　3NT　不叫

例 1：（东家 2♡表示红心和黑桃）

♠842　　♡AQ82　　◇KJ54　　♣32

南家表示逼叫进局的实力，在锚花色（红心）上有挡张。

例 2：（东家 2♡表示红心和一门低花）

♠Q32　　♡A72　　◇AQJ32　　♣82

南家表示逼叫进局的实力，并且在红心（东家的已知花色）上有挡张。

例 3：（东家 2◇表示方块以及一门高花）

♠A72　　♡AK2　　◇872　　♣Q732

南家表示逼叫进局的实力，并且在方块（东家的已知花色）上没有挡张。

例 4：（东家 2♣表示方块或一门高花和一门低花的双套牌）

♠AK6　　♡AJ9　　◇432　　♣K982

南家表示逼叫进局的实力。如果敌方的争叫没有已知花色，南家的叫品是自然叫。

开叫人的再叫与敌方争叫单套之后的用法完全一致。

补充要点

记住，如果在高花上没有配合，你们最有可能的成局定约是无将。只有在试探满贯或者不可能打无将的情况下才会考虑低花定约。因此，再叫任何新花色都应该先被理解为试探无将成局定约。

如果敌方展示双套牌，应叫人否认在已知花色（锚花色）上有挡张时，主动再叫无将就承诺在敌方的第二套花色上有挡张。

使用莱本索尔，你与同伴可以采用如下处理方式，以便确定在竞叫过程中，同伴在敌方的花色上是否有挡张：

·如果同伴既没有确认也没有否认敌方花色上的挡张，那么扣叫敌方花色就是询问同伴在这门花色上是否有挡张；

·如果同伴已经否认在敌方花色上有挡张，那么扣叫敌方花色是希望同伴有半挡（K，Q×或J××）就叫无将；

·如果同伴已经确认了在敌方花色上的挡张，那么扣叫就是希望同伴继续描述自己的持牌。这种方法用作试探满贯。

以下进程中你是南家，你准备如何叫牌以及如何再叫？

进 程

北　　东　　南

1NT　　2♣　　?

2♣：表示方块单套或者一套高花以及一套低花。

问题 1

南家：♠ KQ542　♡ A5　♢ 875　♣ J53

南家叫品：_____ 再叫？_____

问题 2

南家：♠ 62　♡ AQ95　♢ 875　♣ K543

南家叫品：_____ 再叫？_____

问题 3

南家：♠ K42　♡ A53　♢ A965　♣ J53

南家叫品：_____ 再叫？_____

进 程

北　　东　　南

1NT　　2♢　　?

2♢：表示双高花。

问题 4

南家：♠ K2　♡ 543　♢ K7654　♣ KJ3

南家叫品：_____ 再叫？_____

问题 5

南家：♠ 542　♡ A5　♢ KQ75　♣ Q753

南家叫品：＿＿＿＿ 再叫？＿＿＿＿

问题 6

南家：♠ 542　♡ J5　♢ K85　♣ AQJ73

南家叫品：＿＿＿＿ 再叫？＿＿＿＿

进 程

北	东	南
1NT	2♡	?

2♡：表示红心以及一门低花。

问题 7

南家：♠ KQJ542　♡ A5　♢ 875　♣ 53

南家叫品：＿＿＿＿ 再叫？＿＿＿＿

问题 8

南家：♠ K542　♡ A5　♢ J5　♣ AJ532

南家叫品：＿＿＿＿ 再叫？＿＿＿＿

问题 9

南家：♠ 542　♡ 543　♢ 5　♣ AQJ532

南家叫品：＿＿＿＿ 再叫？＿＿＿＿

以下进程中你是北家，你准备如何再叫？

进 程

北	东	南	西
1NT	2♠	3♣	不叫
?			

2♠：表示黑桃套以及一门低花。

南家展示了什么？

_____

问题 10

北家：♠KQ2　♡AJ53　♦85　♣AJ53

北家再叫？ _____

问题 11

北家：♠J42　♡AQJ5　♦AQ75　♣Q3

北家再叫？ _____

进 程

北	东	南	西
1NT	2♠	2NT	不叫
?			

2♠：表示黑桃和以及一门低花。

南家展示了什么？

_____

问题 12

北家：♠42 ♡A532 ♢AK75 ♣KJ3

北家再叫？ _____

问题 13

北家：♠KQ42 ♡AJ5 ♢Q75 ♣K53

北家再叫？ _____

进 程

北	东	南	西
1NT	2♠	3♠	不叫
?			

2♠：表示黑桃和以及一门低花。

南家展示了什么？

_____

问题 14

北家：♠42 ♡A532 ♢AK75 ♣KJ3

北家再叫？ _____

问题 15

北家：♠KQ42 ♡AJ5 ♢Q75 ♣K53

北家再叫？ _____

进 程

北	东	南	西
1NT	2♠	3NT	不叫
?			

2♠：表示黑桃以及一门低花。

南家展示了什么？

_____

问题 16

北家：♠KQ2　♡AJ53　♢85　♣AJ53

北家再叫？ _____

问题 17

北家：♠J42　♡AQJ5　♢AQ75　♣Q3

北家再叫？ _____

以下进程中，持南家的牌你将如何再叫？

进 程

北	东	南	西
1NT	2♠	2NT	不叫
3♣	不叫	?	

2♠：表示黑桃以及一门低花。

2NT：接力至3♣。

3♣：强制性叫品。

问题 18

南家：♠KQ2　♡AJ53　♢87　♣J953

南家再叫？ _____

问题 19

南家：♠2　♡J95　♢AQ9765　♣Q53

南家再叫？ _____

问题 20

南家：♠432　♡32　♢5　♣KJ98743

南家再叫？ _____

问题 21

南家：♠KJ42　♡AJ5　♢765　♣K53

南家再叫？ _____

问题 22

南家：♠ KQ2　　♡ A5　　♢ Q753　　♣ J532

南家再叫？＿＿＿＿＿

进　程

北	东	南	西
1NT	2♠	3♠	不叫
4♣	不叫	?	

2♠：表示黑桃以及一门低花。

3♠：斯台曼，逼叫进局的实力而且没有黑桃挡张。

4♣：没有四张红心并且黑桃也没有挡张，梅花至少有四张。

问题 23

南家：♠ 42　　♡ A765　　♢ Q943　　♣ AQ3

南家再叫？＿＿＿＿＿

问题 24

南家：♠ Q2　　♡ AQ95　　♢ A75　　♣ J543

南家再叫？＿＿＿＿＿

答 案

进 程

北　　东　　南

1NT　2♣　？

2♣：表示方块单套或者一套高花以及一套低花。

问题 1

南家：♠KQ542　♡A5　♦875　♣J53

南家叫品：杰克贝转移叫，2♡。再叫？3NT，让北家在 4♠ 和 3NT 之间选择。

问题 2

南家：♠62　♡AQ95　♦875　♣K543

南家叫品：斯台曼，加倍。再叫？如果北家再叫 2♡ 表示四张红心，则加叫 3♡ 表示邀请；如果北家再叫 2♦ 否认四张高花，则再叫 2NT 邀请 3NT。

问题 3

南家：♠K42　♡A53　♦A965　♣J53

南家叫品：3NT。再叫？3NT 之后北家不会叫牌。

进 程

北　　东　　南

1NT　2♦　？

2♦：表示双套高花牌。

问题 4

南家：♠K2　♡543　♦K7654　♣KJ3

南家叫品：3NT，表示逼叫进局的实力，有黑桃挡张但没有红心挡张。再叫？如果北家再叫4♣否认红心挡张并且表示梅花套，南家再叫4♦建议主打方块定约；如果北家再叫4♦，南家加叫进局。

问题 5

南家：♠542　♡A5　♦KQ75　♣Q753

南家叫品：2NT，接力至3♣。再叫？北家再叫3♣后，南家再叫3NT，表示逼叫进局实力并且红心有挡张。

问题 6

南家：♠542　♡J5　♦K85　♣AQJ73

南家叫品：3♣，表示逼叫进局的实力，五张以上梅花。再叫？如果北家再叫3NT，南家不叫；如果南家再叫3♦，南家加叫方块；如果北家再叫高花套，北家再叫4♣；如果北家加叫梅花，南家继续加叫进局。

进　程

北	东	南
1NT	2♡	？

2♡：表示红心以及一门低花。

问题 7

南家：♠KQJ542　♡A5　♦875　♣53

南家叫品：4♠，表示六张以上黑桃，逼叫进局的实力。如果使用德克萨斯转移叫，则应叫4♡转移至黑桃。再叫？4♠之后北家不会叫牌。

问题 8

南家：♠ K542　　♡ A5　　♦ J5　　♣ AJ532

南家叫品：2NT，接力至 3♣。 再叫？北家再叫 3♣ 后，南家再叫 3♡—斯台曼，表示逼叫进局的实力并且红心有挡张。

问题 9

南家：♠ 542　　♡ 543　　♦ 5　　♣ AQJ532

南家叫品：2NT，接力至 3♣。再叫？不叫。

进 程

北	东	南	西
1NT	2♠	3♣	不叫
？			

2♠：表示黑桃以及一门低花。

南家展示了什么？

五张以上梅花以及逼叫进局的实力。

问题 10

北家：♠ KQ2　　♡ AJ53　　♦ 85　　♣ AJ53

北家再叫？ 3♠，建议打无将定约，承诺黑桃挡张但没有方块挡张。

问题 11

北家：♠ J42　♡ AQJ5　♢ AQ75　♣ Q3

北家再叫？ 3♢，建议打无将定约，承诺方块挡张但没有黑桃挡张。

备注：在上述进程中，如果北家同时有黑桃和方块挡张，则简单叫 3NT。

进 程

北	东	南	西
1NT	2♠	2NT	不叫
?			

2♠：表示黑桃和一门低花。

南家展示了什么？

要求同伴再叫 3♣，通常表示南家没有成局的实力，除非他的下一个叫品是 3♠或 3NT。

问题 12

北家：♠ 42　♡ A532　♢ AK75　♣ KJ3

北家再叫？ 3♣，遵照同伴的要求。

问题 13

北家：♠ KQ42　♡ AJ5　♢ Q75　♣ K53

北家再叫？ 3♣，遵照同伴的要求。

进 程

北	东	南	西
1NT	2♠	3♠	不叫
?			

2♠：表示黑桃以及一门低花。

南家展示了什么？

斯台曼,表示四张红心以及逼叫进局的实力,但没有黑桃挡张。

问题 14

北家：♠42   ♡A532   ♢AK75   ♣KJ3

北家再叫？ 4♡,承诺四张红心。

问题 15

北家：♠KQ42   ♡AJ5   ♢Q75   ♣K53

北家再叫？ 3NT,承诺黑桃挡张同时否认有四张红心。

进 程

北	东	南	西
1NT	2♠	3NT	不叫
?			

2♠：表示黑桃以及一门低花。

南家展示了什么？

均型牌而且有逼叫进局的实力,但没有黑桃挡张。

问题 16

北家：♠KQ2　♡AJ53　♢85　♣AJ53

北家再叫？不叫，承诺黑桃挡张。

问题 17

北家：♠J42　♡AQJ5　♢AQ75　♣Q3

北家再叫？ 4♢，否认黑桃挡张，表示有四张以上方块。

进 程

北	东	南	西
1NT	2♠	2NT	不叫
3♣	不叫	?	

2♠：表示黑桃以及一门低花。

2NT：接力至 3♣。

3♣：强制性叫品。

问题 18

南家：♠KQ2　♡AJ53　♢87　♣J953

南家再叫？ 3♠，斯台曼并且承诺挡张。保证黑桃挡张，逼叫进局的实力以及四张红心。

问题 19

南家：♠2　♡J95　♢AQ9765　♣Q53

南家再叫？ 3♢，表示六张以上方块，没有进局的实力。

问题 20

南家：♠432　♡32　♦5　♣KJ98743

南家再叫？不叫，表示六张以上梅花，没有进局的实力。

问题 21

南家：♠KJ42　♡AJ5　♦765　♣K53

南家再叫？3NT，承诺黑桃挡张以及逼叫进局的实力。

问题 22

南家：♠KQ2　♡A5　♦Q753　♣J532

南家再叫？3NT，承诺黑桃挡张以及逼叫进局的实力。

进 程

北	东	南	西
1NT	2♠	3♠	不叫
4♣	不叫	?	

2♠：表示黑桃以及一门低花。

3♠：斯台曼，表示逼叫进局的实力但黑桃没有挡张。

4♣：没有四张红心而且黑桃没有挡张，梅花至少有四张。

问题 23

南家：♠42　♡A765　♦Q943　♣AQ3

南家再叫？5♣，表示没有其他五张套，希望打梅花成局定约。

问题 24

南家：♠Q2　♡AQ95　♦A75　♣J543

南家再叫？4♡，表示好的四张红心。如果北家有三张配合，希望打红心成局定约。

牌例 1 双方无局

北发牌

```
                    ♠ 10 9 2
                    ♡ 7 3
                    ♢ 6 5
                    ♣ A Q 8 6 4 2

  ♠ A Q J 8 6            N          ♠ 7 3
  ♡ K J 10 6 5      W        E      ♡ 9 4 2
  ♢ 7 2                 S          ♢ K Q 10 4 3
  ♣ 9                              ♣ K 10 5

                    ♠ K 5 4
                    ♡ A Q 8
                    ♢ A J 9 8
                    ♣ J 7 3
```

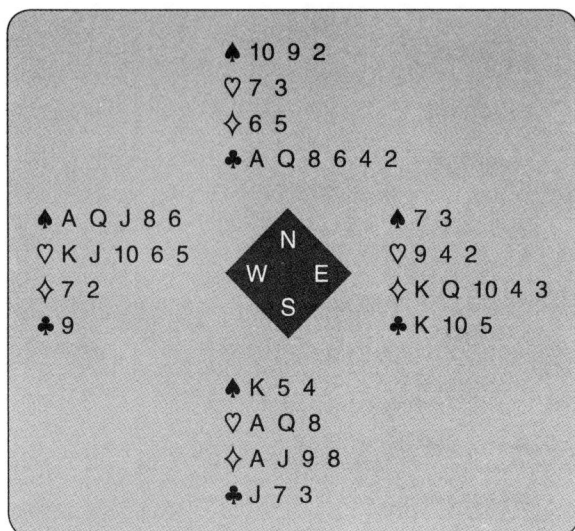

西	北	东	南
	不叫	不叫	1NT
2♢	2NT	不叫	3♣
全不叫			

2NT ＝莱本索尔，接力至 3♣。

3♣＝强制性叫品。

不叫＝我想打 3♣。

牌例 2 南北有局

东发牌

```
                    ♠ K Q 9 7 2
                    ♡ 10 8 4
                    ♢ A J 7 4
                    ♣ 4

    ♠ J 8                        ♠ 10 6 5 4
    ♡ A Q 6 5 3       N          ♡ J 2
    ♢ 2            W     E       ♢ 10 9 8 6 5
    ♣ Q J 8 7 6       S          ♣ K 5

                    ♠ A 3
                    ♡ K 9 7
                    ♢ K Q 3
                    ♣ A 10 9 3 2
```

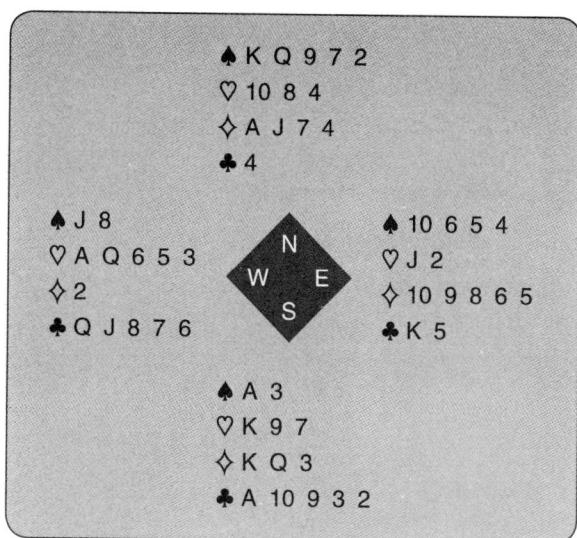

西	北	东	南
		不叫	1NT
2♡	3♠	不叫	3NT
全不叫			

3♠＝莱本索尔，表示逼叫进局的实力以及五张以上黑桃。

3NT ＝否认黑桃配合，承诺红心以及低花挡张。

牌例 3 东西有局

南发牌

```
                    ♠ 8 7 4
                    ♡ A J 4
                    ♢ K 5 2
                    ♣ A J 10 4

  ♠ A K 6 5            N           ♠ 10 9 3
  ♡ K Q 10 6 2      W     E        ♡ 8 5
  ♢ 10 9 3             S           ♢ 8 7 4
  ♣ 2                              ♣ 9 8 7 5 3

                    ♠ Q J 2
                    ♡ 9 7 3
                    ♢ A Q J 6
                    ♣ K Q 6
```

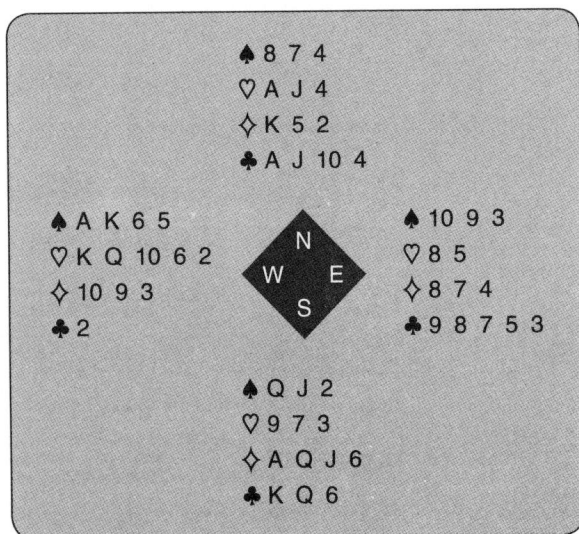

西	北	东	南
			1NT
2♣	3♡	不叫	3NT
全不叫			

3♡＝莱本索尔，承诺红心挡张同时否认黑桃挡张，逼叫进局的实力。

3NT ＝保证黑桃挡张。

牌例 4 双方有局

西发牌

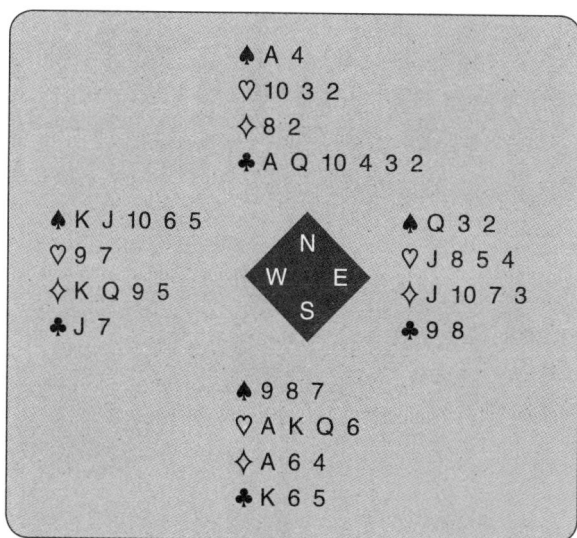

西	北	东	南
不叫	不叫	不叫	1NT
2♣	3♣	不叫	3◇
不叫	3♠	不叫	3NT
全不叫			

3♣＝莱本索尔，表示五张以上梅花，逼叫进局的实力。

3◇＝我有方块挡张。

3♠＝我有黑桃挡张。

3NT＝我有红心挡张。

牌例 5 南北有局

北发牌

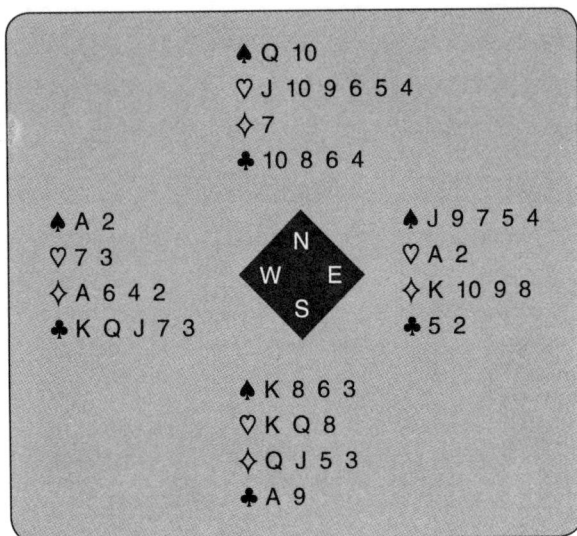

```
                    ♠ Q 10
                    ♡ J 10 9 6 5 4
                    ◇ 7
                    ♣ 10 8 6 4

    ♠ A 2                          ♠ J 9 7 5 4
    ♡ 7 3           N              ♡ A 2
    ◇ A 6 4 2    W     E           ◇ K 10 9 8
    ♣ K Q J 7 3     S              ♣ 5 2

                    ♠ K 8 6 3
                    ♡ K Q 8
                    ◇ Q J 5 3
                    ♣ A 9
```

西	北	东	南
	不叫	不叫	1NT
2♣	2♡	全不叫	

2♡＝莱本索尔，红心长套的弱牌。

牌例 6 东西有局

东发牌

```
              ♠ Q 9 2
              ♡ K 8 5
              ♢ K Q 10 9 7 6
              ♣ 4
♠ A K 10 6 5 3          ♠ 8 4
♡ 4 3            N      ♡ J 10 9 7
♢ J 4 3       W   E    ♢ 8
♣ A 5            S      ♣ Q 10 9 8 6 2
              ♠ J 7
              ♡ A Q 6 2
              ♢ A 5 2
              ♣ K J 7 3
```

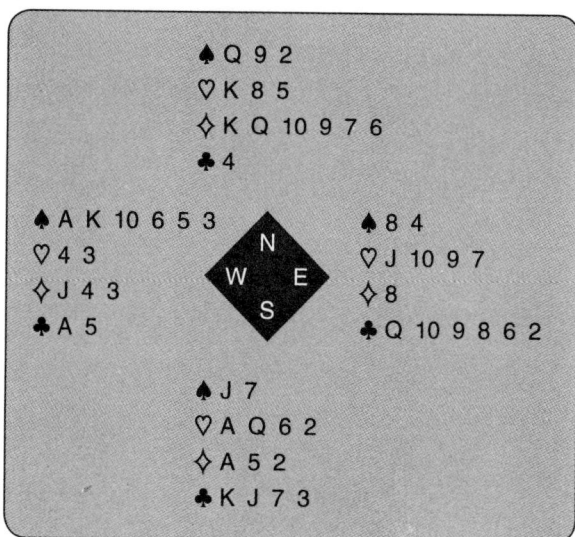

西	北	东	南
		不叫	1NT
2♠[1]	3♢	不叫	3♠
不叫	3NT	全不叫	

1. 自然叫

3♢＝莱本索尔，表示五张以上方块，逼叫进局的实力。

3♠＝你是否有黑桃挡张？

3NT ＝是的，我有黑桃挡张。

牌例 7 双方有局

南发牌

```
              ♠ K Q J 10 4 3
              ♡ J 8
              ♢ Q 6 3
              ♣ 10 7

♠ 9 5                           ♠ 8 6 2
♡ A Q 10 3 2      N             ♡ 9 7 4
♢ A J 10 8    W       E         ♢ 5 2
♣ 9 4             S             ♣ K Q 6 5 2

              ♠ A 7
              ♡ K 6 5
              ♢ K 9 7 4
              ♣ A J 8 3
```

西	北	东	南
			1NT
2♡ ¹	2NT	不叫	3♣
不叫	3♠	全不叫	

1. 红心以及一门低花

2NT ＝莱本索尔，接力至 3♣。

3♣＝强制性叫品。

3♠＝我有五张以上黑桃，邀请实力（8～9 点）。记住，2♠是止叫，

3♠是进局逼叫。

不叫＝我不想进局。

牌例 8 双方无局

西发牌

```
              ♠ K J 4
              ♡ 7 6 4
              ♢ A K 4
              ♣ 10 8 7 6

♠ A Q 8 6 2      N        ♠ 9 7 5
♡ K 10 9 8 3   W   E      ♡ J 2
♢ 8 2            S        ♢ 10 9 7 6 3
♣ 2                       ♣ Q 5 4

              ♠ 10 3
              ♡ A Q 5
              ♢ Q J 5
              ♣ A K J 9 3
```

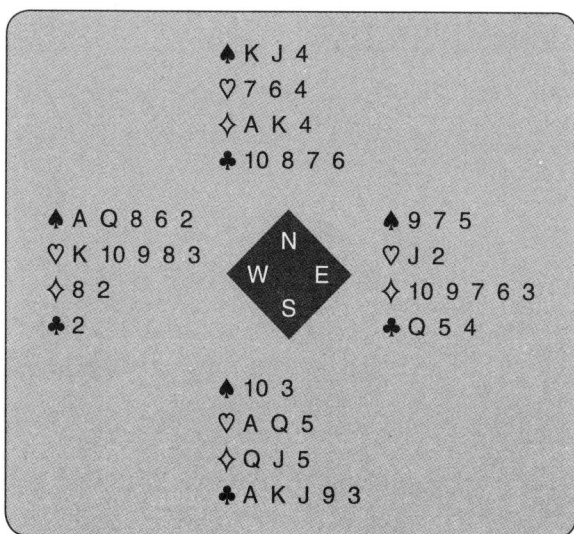

西	北	东	南
不叫	不叫	不叫	1NT
2♡¹	3NT	全不叫	

1. 红心和黑桃

3NT＝莱本索尔,表示没有红心挡张但有黑桃挡张,逼叫进局的实力。

记住:如果应叫人叫无将并且否认较低花色有挡张时,他承诺了较高花色中的挡张。

不叫＝承诺红心挡张。

牌例 9 东西有局

北发牌

```
                    ♠ A J 10 5
                    ♡ K 7 5
                    ♢ Q J 2
                    ♣ 9 6 2

  ♠ 4 3                              ♠ 8 7 2
  ♡ A J 8 6          N              ♡ 10 9 4
  ♢ A K 10 5 3    W     E           ♢ 9 7 4
  ♣ 7 5              S              ♣ J 10 4 3

                    ♠ K Q 9 6
                    ♡ Q 3 2
                    ♢ 8 6
                    ♣ A K Q 8
```

西	北	东	南
	不叫	不叫	1NT
2♢¹	2NT	不叫	3♣
不叫	3♢	不叫	3♠
不叫	4♠	全不叫	

1. 方块套以及一个高花套

2NT ＝莱本索尔，接力至 3♣。

3♣＝强制性叫品。

3♢＝斯台曼，表示方块有挡张，逼叫进局的实力。记住，缓慢的
进程（经过接力叫）表示有挡张。

3♠＝我有四张黑桃。

4♠＝我也有四张黑桃。

牌例 10 双方有局

东发牌

```
                    ♠ 4 3 2
                    ♡ A K 7 3
                    ♢ K 10 8
                    ♣ Q 7 6

  ♠ A J 10 9 8 5           ♠ 6
  ♡ 8 4          N          ♡ Q 9 6 2
  ♢ 9 7       W   E        ♢ 6 4 2
  ♣ A 3 2        S          ♣ J 10 9 8 5

                    ♠ K Q 7
                    ♡ J 10 5
                    ♢ A Q J 5 3
                    ♣ K 4
```

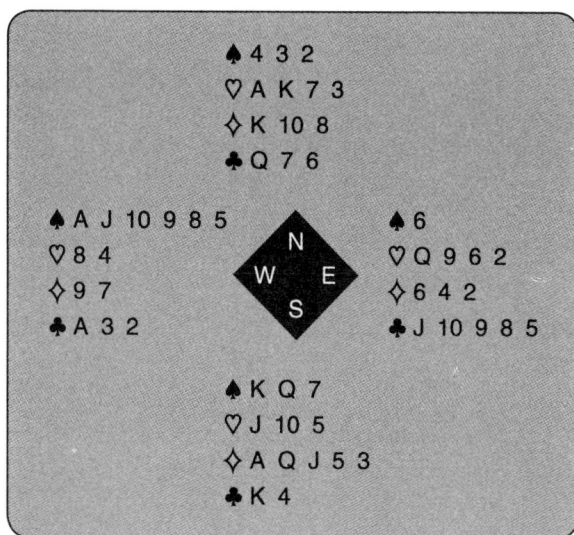

西	北	东	南
		不叫	1NT
2♠¹	3♠	不叫	3NT
全不叫			

1. 自然叫

3♠＝莱本索尔、斯台曼，表示有四张红心以及逼叫进局的实力，但没有黑桃挡张。记住，较快的叫牌进程否认在敌方花色上有挡张。

3NT ＝我没有四张红心但有黑桃挡张。

牌例 11 双方无局

南发牌

♠ 4 3 2
♡ A J 7 3
◇ K 10 8
♣ Q 7 6

（方位图）
- 西：♠ A Q J 9 8 5 / ♡ K 4 / ◇ 9 7 / ♣ 9 3 2
- 东：♠ K 6 / ♡ 9 8 6 2 / ◇ 6 4 2 / ♣ J 10 8 5
- 南：♠ 10 7 / ♡ Q 10 5 / ◇ A Q J 5 3 / ♣ A K 4

西	北	东	南
			1NT
2♠¹	3♠	不叫	4◇
不叫	5◇	全不叫	

1. 自然叫

3♠＝莱本索尔、斯台曼，表示四张红心以及逼叫进局的实力，但没有黑桃挡张。记住，较快的叫牌进程否认在敌方花色上有挡张。

4◇＝我没有四张红心，也没有黑桃挡张。我最长的未叫花色是方块。

5◇＝我们尝试方块成局定约。

牌例 12 南北有局

西发牌

```
                    ♠ Q 7 6
                    ♡ A J 9 8 2
                    ♢ Q 8 4 2
                    ♣ 7

    ♠ K 4 3              N           ♠ J 10 8 5
    ♡ 4 3            W       E       ♡ 6 5
    ♢ 9 7                S           ♢ J 10 6 5
    ♣ A K 9 8 6 5                    ♣ Q J 4

                    ♠ A 9 2
                    ♡ K Q 10 7
                    ♢ A K 3
                    ♣ 10 3 2
```

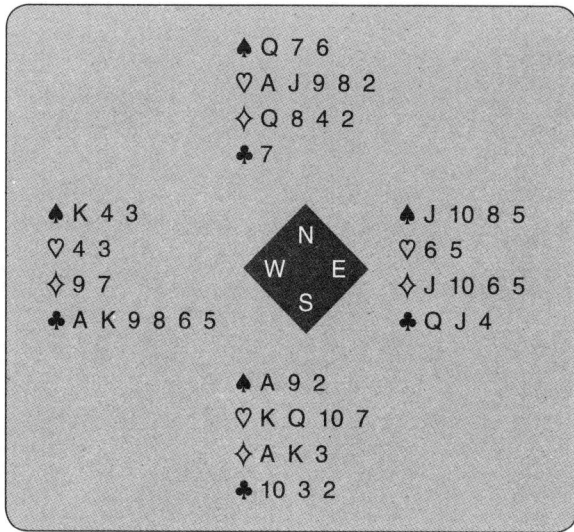

西	北	东	南
不叫	不叫	不叫	1NT
2♣¹	2NT	不叫	3♣
不叫	3♡	不叫	4♡
全不叫			

1. 自然叫

2NT =莱本索尔，接力至 3♣。记住，如果争叫 2♣是自然叫，后续
依然使用莱本索尔。

3♣=强制性叫品。

3♡=我有五张以上红心，邀叫实力。

4♡=我有红心配合并且是高限牌力。

牌例 13 双方有局

北发牌

```
                    ♠ 5
                    ♡ Q 9 8 6 3 2
                    ♢ 10 4
                    ♣ J 6 4 3

♠ A K J 3              N              ♠ 10 8 7 6
♡ K 10 4          W       E          ♡ 7 5
♢ A 8 5 2             S              ♢ Q 9 3
♣ K 2                                ♣ 10 9 8 5

                    ♠ Q 9 4 2
                    ♡ A J
                    ♢ K J 7 6
                    ♣ A Q 7
```

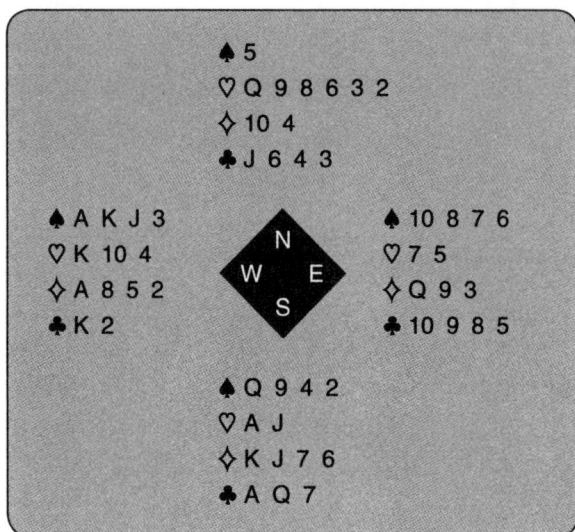

西	北	东	南
	不叫	不叫	1NT
加倍 [1]	2◊	不叫	2♡
全不叫			

1. 惩罚性加倍

2◊＝杰克贝转移叫。记住，敌方加倍之后叫牌体系维持原意。因此，2◊依然是杰克贝转移叫。

2♡＝强制性叫品。

不叫＝我是红心长套的弱牌。

牌例 14 双方无局

东发牌

♠KQJ76
♡Q8
♢Q842
♣75

♠43
♡KJ43
♢J9
♣AK986

♠1085
♡652
♢10765
♣QJ4

♠A92
♡A1097
♢AK3
♣1032

西	北	东	南
		不叫	1NT
2♣¹	2♡	不叫	2♠
不叫	3NT	不叫	4♠
全不叫			

1.方块单套或者一门高花以及一门低花

2♡＝杰克贝转移叫,要求同伴再叫2♠。记住,如果争叫2♣是约定叫,则体系维持原意, 因此, 2♡依然是杰克贝转移叫。

2♠＝强制性叫品。

3NT ＝我有五张黑桃以及逼叫进局的实力。

4♠＝我有黑桃配合。

185

牌例 15 南北有局

南发牌

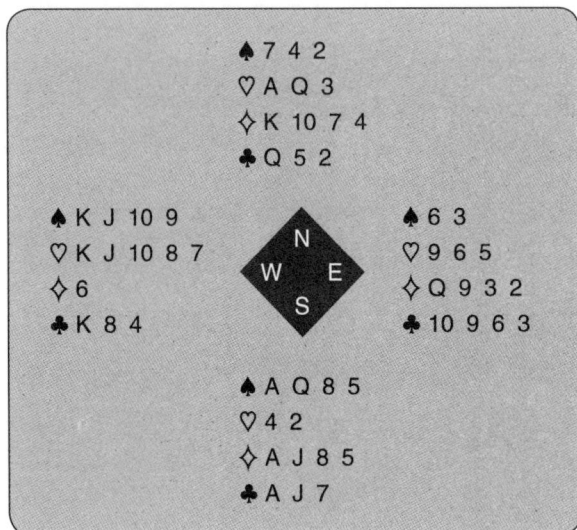

```
                    ♠ 7 4 2
                    ♡ A Q 3
                    ◇ K 10 7 4
                    ♣ Q 5 2

♠ K J 10 9                          ♠ 6 3
♡ K J 10 8 7          N             ♡ 9 6 5
◇ 6                W     E          ◇ Q 9 3 2
♣ K 8 4               S             ♣ 10 9 6 3

                    ♠ A Q 8 5
                    ♡ 4 2
                    ◇ A J 8 5
                    ♣ A J 7
```

西	北	东	南
			1NT
2♡ [1]	2NT	不叫	3♣
不叫	3NT	全不叫	

1. 红心和黑桃

2NT＝莱本索尔，接力至 3♣。

3♣＝强制性叫品。

3NT＝我有红心挡张并且有逼叫进局的实力。记住，如果敌方的双套是明确的，那么莱本索尔针对敌方的锚花色。

不叫＝我有黑桃挡张。

牌例 16 东西有局

西发牌

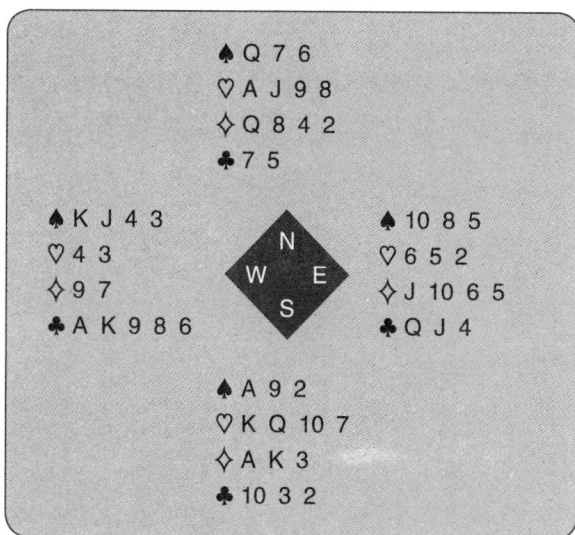

	西	北	东	南
	不叫	不叫	不叫	1NT
	2♣¹	加倍	不叫	2♡
	不叫	3♡	不叫	4♡
	全不叫			

1. 方块单套或者一门高花及一门低花

加倍＝斯台曼。记住，如果 2♣ 是约定叫，那么加倍就是斯台曼。

2♡＝我有四张红心。

3♡＝我有至少 4 四张红心，邀请实力。

4♡＝我是高限牌力。